Let's Put
Parents
Back in Charge!

*How vouchers
can make America's
schools great*

Joseph L. Bast
Herbert J. Walberg

The Heartland Institute
Chicago, Illinois

About the Footnotes

To conserve space in this abridged edition, the footnote texts
have been deleted. Should you desire a free copy of these
notes, please send a self-addressed stamped envelope to:

Footnotes
The Heartland Institute
19 South LaSalle Street #903
Chicago, IL 60603

Mail orders and bulk copy purchases: 312/377-4000

The Heartland Institute
19 South LaSalle Street #903
Chicago, IL 60603

Printed in the United States of America.
ISBN 0-9632027-8-2

Manufactured in the United States of America

Contents

About the Authors

Joseph L. Bast is president of The Heartland Institute, a nonprofit research organization based in Chicago, Illinois. Since 1984, he has worked with scores of economists to make their ideas understandable to people other than economists. He has coauthored or edited nearly 100 policy studies and nine books. Mr. Bast was founding publisher of *Intellectual Ammunition*, a magazine on public policy issues, and four monthly publications: *School Reform News, Environment & Climate News, Health Care News*, and *Budget & Tax News*.

Herbert J. Walberg is Distinguished Visiting Fellow at the Hoover Institution at Stanford University and a member of its Koret K-12 Task Force. He earned a Ph.D. in educational psychology from the University of Chicago and taught for 35 years at Harvard University and the University of Illinois at Chicago. Professor Walberg is a fellow of several academic organizations, including the American Association for the Advancement of Science, the American Psychological Association, and the Royal Statistical Society.

A Call to Action

Right now, as you read these words, the future of America's schools hangs in the balance. Decisions being made in local communities, state capitols, and in Washington DC at this moment will have profound effects on what our country's elementary and secondary schools will look like for decades to come.

This is a historic moment, a once-in-a-generation opportunity to help millions of children lead fulfilling and successful lives. Will you be one of the informed and dedicated activists working to put parents back in charge of their children's education? Or will you sit on the sidelines and watch? Or even worse, will you be one of those duped by the rhetoric and slogans of the anti-reform interest groups and work, however unintentionally, to allow this opportunity to be lost?

School vouchers are coming

On June 27, 2002, in a decision called *Zelman v. Simmons-Harris*, the U.S. Supreme Court ruled school vouchers are constitutional. Vouchers are tax-financed certificates or scholar-ships that parents can use to pay for tuition at the private or public schools they choose for their children. Today, tax dollars raised for education go to government agencies, to be distributed by politicians and bureaucrats based on their priorities and interests. Under a voucher program, the money goes to parents, putting them back in charge of their children's education.

The parents of some 30,000 children around the country currently have this power: They can use publicly financed school vouchers to send their children to private schools. Those parents are *empowered* because "the money follows the student" to the schools they choose. Schools must compete for the privilege of teaching their children, the same way nearly every other producer of goods and services in America must compete to win our business.

If vouchers were more widely available, they would break the monopoly public schools now have over kindergarten-to-twelfth grade (K-12) schooling. Nearly nine of 10 students attend public schools. Their parents have little control over what those schools teach or the policies they adopt. Other people, some elected and many not, have that power.

Experts say about six of every 10 parents would choose *private* schools for their children if they didn't have to pay twice for the privilege, once through the taxes they pay to support the public schools, and again through tuition at the private school of their choice.

The Supreme Court's decision removed any remaining doubt over whether vouchers are legal. But the national debate about vouchers and the future of our schools is only beginning. You can play an important role in that debate.

America's children need your help

Opponents of vouchers—mostly those whose jobs would be unnecessary if schools competed and parents were in charge—believe few people will take the time to learn how vouchers could dramatically improve our country's school system. They may be correct. Many people won't take the time to "get up to speed" on this issue.

America's children need your help. They need you to speak the truth about vouchers in conversations with friends and neighbors, in letters to the editor of your local newspaper, and in meetings of civic and business organizations to which you may belong.

If your state allows public initiatives or referenda, you may have an opportunity to campaign and vote for vouchers. Some candidates running for school board, state, and national offices are strong advocates for vouchers, and they need your help to win election. Grassroots organizations in your city or state need your help to spread the news about vouchers.

At the end of this book is a directory of national pro-voucher school reform organizations. We urge you to visit their Web sites or call and request sample publications. Join the ones you believe are effective, and use their publications and other resources to become an effective advocate for school vouchers.

There is also a reply form at the end of the book. Please use it to sign up for a free subscription to a monthly school reform newspaper or to buy additional copies of this book.

Thank you for taking time to learn about the urgent need for education reform and school vouchers. Please understand, though, that little will be accomplished if *all you do* is read this book. America's children need you to do more. Please join the movement for parental choice. Let parents choose, teachers teach, and students learn!

— Joseph L. Bast
Herbert J. Walberg

Introduction

This book is for parents, teachers, policymakers, taxpayers, and everyone who wants *great* schools for children regardless of their race, social background, and parents' income.

Our thesis is that America once had great kindergarten-to-twelfth grade (K-12) schools, and would have them once again if parents were put back in charge of their children's education by being free to choose the schools their children attend. School vouchers—tax-funded certificates or scholarships that parents can apply toward the tuition of private schools—are the mechanism for making school choice a reality.

Widespread adoption of school vouchers will take place only when majorities of voters and opinion leaders are convinced that a system of competing private and public schools would be better than the current public school monopoly, *and are moved to act on their convictions*. Creating a sound basis for that conviction and decision to act is the purpose of this book.

The 40-year debate

The modern debate over school vouchers is 40 years old. In 1962, University of Chicago economics professor Milton Friedman produced *Capitalism and Freedom*, a controversial and influential manifesto on the proper role of government in a free society.[1] In a chapter titled "The Role of Government in Education," Friedman challenged the present arrangement where governments own and operate most K-12 schools.

Friedman proposed instead that "governments could require a minimum level of schooling financed by giving parents vouchers redeemable for a specified maximum sum per child per year if spent on 'approved' educational services. Parents would then be free to spend this sum and any additional sum they themselves provided on purchasing educational services from an 'approved' institution of their own choice."

Such a system would still rely on taxes to finance education, but "the educational services could be rendered by private enterprises operated for profit, or by non-profit institutions." Friedman thought this would be a considerable improvement over the current system, since "the role of the government would be limited to insuring that the schools met certain minimum standards, such as the inclusion of a minimum common content in their programs, much as it now inspects restaurants to insure that they maintain minimum sanitary standards."

Friedman's endorsement of tax-financed tuition assistance, or "vouchers," moved the idea from obscurity to the center of the debate over how to improve schools. During the four decades that followed, countless educators, politicians, religious leaders, judges, academics, and parents participated in the debate over vouchers. Support for school vouchers among all these groups has grown steadily.

The voucher debate today

Today, the debate has reached a turning point. Many people believe voucher supporters have won the intellectual debate but are losing the political battle. Academic research shows vouchers improve the quality of schools: Parents are more satisfied and students learn more. Surveys show a majority of parents favor vouchers, and most minority parents see vouchers as a way to escape the country's worst public schools. But voucher programs are operating in only two cities (Milwaukee and Cleveland) and three states (Vermont, Maine, and Florida). Voucher proposals that appeared on ballots in Michigan and California in 2000 were rejected by voters.

Why are vouchers struggling politically if we know choice works and a majority of voters support vouchers? Because vouchers would change the way schools are financed and organized in the U.S. more dramatically than any reform of the past century. Many individuals and groups have a vested interest in keeping the current system just the way it is. Vouchers threaten the job security of teacher union leaders, superintendents, and other public school administrators by making it easier for parents to hold them accountable for results. Consequently, many teacher union leaders and public school officials are mortally afraid of vouchers. They have already spent millions of dollars raised through union dues opposing vouchers, and they plan to spend *hundreds* of millions of dollars more in the next few years.

The U.S. Supreme Court's June 2002 decision in *Zelman v. Simmons-Harris* marked a decisive moment in the political movement for vouchers. By removing lingering doubts about the constitutionality of voucher programs that allow parents to choose religious schools, the Court's ruling has emboldened many elected officials. They are sponsoring voucher experiments (called "pilot programs") for major cities, where the failure of public schools is most conspicuous, and in some cases are proposing much more ambitious statewide programs.

Arguments against vouchers

In the past, opponents of vouchers claimed allowing parents to choose the schools their children attend would lead to segregation and greater inequality. Wealthier families, it was said, would use the vouchers to remove their children and their tax dollars from public schools, leaving children from less-well-off families behind in poorly funded public schools.

This argument is still heard, but it is much less convincing than it once was. Existing voucher programs have had exactly the opposite effect, allowing children from low-income families to attend schools that were once the exclusive province of the well-to-do. The pilot voucher program in Milwaukee has prompted the Milwaukee Public School system to improve, and has even allowed it to spend more per student.

It is apparent to every observer that the current system of school funding has led to extremely high levels of segregation and inequality. Many urban public school systems have minority enrollments of 90 percent or higher. Their schools are unsafe and academically dysfunctional, in some cases failing to graduate even half of their students.

The current system of financing education is profoundly unfair to people who are poor and cannot afford to move to neighborhoods with better public schools. Vouchers, far from leading to greater segregation and inequality, are now widely and correctly viewed as a way to encourage integration and equality by allowing parents *regardless* of race, income, or creed to enroll their children in schools of their choosing. School choice is a matter of simple justice.

Similarly, there is growing acceptance that giving tax dollars to parents and allowing them to choose among competing public and private schools does not amount to "establishing" a religion or forcing taxpayers to subsidize churches. The Supreme Court ruling said vouchers are constitutional so long as they give parents a neutral choice between religious and secular schools. The "separation of church and state" does not mean religion must be exiled from our public institutions.

The only arguments against vouchers that still seem to sway public opinion tend to be about economics. People seem to believe "school choice" is a good idea, but they are less sure about trusting businesses and other private interests (such as churches and nonprofit organizations) to run the schools their children attend. Will enough new schools be started to provide choices for all parents? Is competition enough to hold these schools accountable? Is education somehow different from other goods and services we rely on capitalism to deliver?

Those doubts didn't just mysteriously appear from nowhere. Teacher unions and other public education interest groups have spent millions of dollars spreading that message. Myron Lieberman, himself a long-time teacher union leader, writes:

> *The NEA and AFT conventions feature attacks on "profits" and "corporate greed" that could easily pass for a series of speeches at a Communist Party convention. Hunger, child labor, inadequate health care, malnutrition—whatever the problem, "corporate profits" and greed are either responsible for it, or stand in the way of ameliorating it.[2]*

When we study the arguments used by teacher unions and liberal advocacy groups to oppose vouchers, we discover they are simply slightly edited versions of criticisms of capitalism used by liberals and socialists for more than a century. Capitalism (vouchers), they say, leads to inequality, is anti-democratic, exploits workers and consumers, discriminates against minorities, tends toward monopolies, and puts the pursuit of profit above all other values. Most people do not understand capitalism well enough to know those charges are false, so they are not prepared to refute them when they are dusted off and recycled into anti-voucher arguments.

This anti-voucher strategy has worked. Television commercials claiming capitalism is unjust and inefficient dramatically reduce support for vouchers, often from 60 or even 70 percent of the public to as little as 40 percent or less. People fear what they do not understand, and most people do not understand capitalism.

The effectiveness of ads that attack capitalism is ironic in light of the fact that the case *for* capitalism is stronger than ever. Communism in the Soviet Union collapsed because the attempt to implement socialist ideas through central planning and collectivism led to waste, corruption, and systematic violations of human rights. Countries once viewed as models of benevolent central planning, such as Japan, are turning to capitalism.

Even prominent liberal writers have admitted "socialism is dead."[3] Yet this change in the attitudes of experts and public intellectuals isn't widely known. Opponents of vouchers base their arguments, often explicitly, on socialist ideas and anti-capitalist myths that have been discredited by recent events and disavowed even by their most respected past advocates.

The more this book's authors studied the arguments of leading anti-voucher spokespersons, the more convinced we became that a true defense of vouchers requires a better understanding of capitalism than the average person in the U.S. today possesses. Indeed, we had to go "back to school" ourselves to relearn what the basic institutions of capitalism are and how they work together to produce prosperity and freedom.

The plan for this book

This brief overview of the voucher debate makes the tasks of this book clear. First, we show how badly real reform is needed by documenting the academic, social, and political failures of the current system. Then we explain how vouchers would improve schools by replacing the broken institutions that cause the current government school system to fail.

Next, we explain what capitalism is and refute the left's litany of false charges and myths about it. By doing this, we show capitalism and high-quality schools are entirely compatible, and capitalism in fact has a long and positive history of providing quality education.

Finally, we describe how vouchers would put parents back in charge of their children's education … and by so doing, make America's schools great once again. We describe how voucher programs can be designed to address various concerns about efficiency, equity, and accountability and present brief answers to the questions most commonly asked about vouchers.

A brief summary and conclusion end the book. The appendix contains a list of pro-voucher school reform organizations we hope readers will contact and help support.

ONE

Government Schools Have Failed

Nine of 10 school-aged children in the U.S. attend public schools, more accurately called *government* schools.[4] Some of these schools are good, but many are failing to prepare their students, academically as well as socially, for productive and rewarding futures.

Evidence of failure

While experts have documented the failure of government schools since the early 1960s, the crisis generally escaped the public's attention until the 1980s, when *A Nation at Risk* warned of a "rising tide of mediocrity that threatens our very future as a Nation and a people."[5] The message hit a popular nerve like no previous book had: Six million copies were printed and disseminated in one year.

Since then, many authoritative studies have documented the unacceptably low levels of academic achievement attained by U.S. students. One such study is the annual report of the National Education Goals Panel, created in 1989 by President George H.W. Bush and 50 state governors.

The Goals Panel found none of the goals set 10 years earlier had been reached, and only minimal progress has occurred toward reaching three of the eight goals. Graduation rates of about 75 percent, for example, remained unchanged between 1990 and 1999. As few as one of eight students is proficient in reading and mathematics.

According to the Goals Panel, no progress has been made in making classrooms "free of drugs, violence, and the unauthorized presence of … alcohol," and parents are no more likely to participate in their children's schools today than they were a decade ago. Fewer teachers held an undergraduate or graduate degree in the subject matter of their main teaching assignment in 1999 than in 1990.

The National Education Goals Panel itself, in a commentary on the tenth anniversary of the goals, admitted that becoming "first in the world" in math and science is "not even remotely within range" for the foreseeable future.

Other studies find much the same thing. An 18-nation literacy survey of recent graduates showed six of every 10 U.S. high school graduates failed to read well enough "to cope adequately with the complex demands of everyday life." They had the worst achievement rate among the countries surveyed. U.S. secondary schools recently ranked last in mathematics attainment and second to last in science.

Student achievement in the U.S. has stagnated or declined even though spending has risen considerably. Adjusted for inflation, per-pupil spending is *four times* what it was 30 years ago. Spending on government schools has grown much faster than the incomes of those whose taxes finance them.

Harvard economist Caroline Hoxby recently divided average student achievement scores from the National Assessment of Educational Progress by per-pupil spending data from the U.S. Department of Education to estimate the change in productivity between 1970-71 and 1998-99.[6] According to Hoxby, if schools today were as productive as they were in 1970-71, the *average* 17-year-old would have a score that fewer than 5 percent of 17-year-olds currently attain.

The failure of U.S. schools can increasingly be seen in the workforce. American businesses lose between $25 and $30 billion a year because of the weak reading and writing skills of their workers. By 2001, U.S. companies were spending $7 billion a year on overseas outsourcing for software development. Because of skill shortages, many low- and high-technology jobs, such as data processing and computer programming, are increasingly exported to other countries, most notably India and Ireland.

Only government schools are failing

If private as well as government schools reported declining test scores and other measures of output, one might attribute the failure to factors outside the control of the schools. But the failure, for the most part, is taking place only in the public sector. Private school students routinely outscore their government school counterparts on standardized tests.

Government school students averaged 510 on the math segment and 501 on the verbal segment of the 2000 SAT tests. Students attending religious schools averaged 523 on the math test and 529 on the verbal test, and independent private school students did even better, scoring 566 math and 547 verbal. Rising scores for students in private schools accounted for as much as one-third of the overall increase in math scores in 2000.

Private schools outperform government schools even when the wealth, education, and motivation of parents are taken into account. While early attempts to find a "private school effect" met with mixed success, later research found evidence that student achievement in private schools increased more per school year, after controlling for family socioeconomic status and other confounding factors, than in government schools.

Private schools not only outperform government schools academically, they are also twice as productive: They get twice as much bang for the buck. Paul Peterson and Herbert Walberg (a coauthor of this book) found Catholic elementary schools in Brooklyn, Manhattan, and the Bronx outperformed government schools in both reading and mathematics at every grade level despite spending less than half as much as government schools.[7] They found this to be true even when government school spending on special-needs children, central offices, and school boards was excluded.

Critics of private schools often contend differences in parental motivation distort such comparisons. Parents who choose private schools, they say, are probably more actively involved in other aspects of their children's education, so their children would tend to be high achievers even if they had remained in government schools.

We think this objection is logically flawed, because it assumes the decision to be actively involved in the education of one's children is independent from what schools do to encourage or discourage such involvement. A good school promotes parental involvement by providing greater access to teachers and administrators and by being more responsive to parents' advice and expressions of concern. Many government schools erect bureaucratic barriers to such parental involvement. Private schools tend to produce better academic results, in other words, because they tend to *create* motivated parents, not because they are chosen by motivated parents.

During the 1990s, new data on student academic achievement and other measures of school performance became available, allowing the "parental motivation theory" to be put to the test. Private scholarship programs in several cities and publicly funded voucher programs in Milwaukee and Cleveland awarded vouchers by lottery, and since more parents applied than the programs could accommodate, a "natural experiment" occurred in which the children of equally motivated parents were randomly assigned to private and government schools. Several scholars have now completed reviews of the latest research on these programs. All conclude that students who use vouchers to attend private schools do at least as well as their counterparts who remain in government schools, and many do better.

Paul Peterson of Harvard University's Kennedy School of Government, for example, finds: "African-American students from low-income families who switch from public to a private school do considerably better after two years than students who do not receive a voucher opportunity."[8]

Paul Teske and Mark Schneider's recent review of the choice literature "did not find any study that documents significantly lower performance in choice schools" and "consensus results show that parents are more satisfied with choice, that they report using academic preferences to make choices, and that they tend to be more involved with their child's education *as a consequence of choice*."[9] (emphasis added)

Faulty excuses

Defenders of government schools often claim they are inadequately funded, but as reported earlier, spending increases have significantly outpaced inflation and personal income growth. The U.S. spends more per student than all but one or two other countries in the world, yet has academic achievement among the worst of advanced Western nations.

Nor do government schools fail because funding is too unequal. States have dramatically increased funding aimed at "equalizing" spending among property-rich and -poor school districts. It is now commonplace that wealthier districts get back only a tiny fraction of the taxes they send to state capitols. This equalization of resources has not improved overall student achievement. In fact, states that do more to equalize spending tend to rank worse in comparisons of student academic achievement, after controlling for other factors, than states that do less. (We explain why this is the case in the next chapter.)

A study from the liberal Economic Policy Institute (EPI) claims most new money made available to schools between 1967 and 1991 went to special education for handicapped and learning-disabled children. But as Eric Hanushek has pointed out, if children requiring special education cost twice as much to serve as the average student (as other scholars have found), this could account for only $3 billion during the 1980s, a small fraction of the $54 billion increase in spending that took place during that period.[10]

Apologists for America's government schools sometimes claim international test results should be disregarded because schools in the U.S. "try to educate all children," while schools in other countries focus only on the children of the elite. That is wrong, too. The average percentage of students aged 14-17 and 18-19 enrolled in education was higher in other advanced countries than in the U.S.

Are children today more difficult or expensive to educate than in the past? While teachers grappling with the negative consequences of divorce, poverty, drug abuse, and popular culture deserve our respect and appreciation, it is not clear they face challenges worse than those faced by teachers in the past. Most of these problems existed and some were worse 30 years ago. Surveys show children's preschool language mastery has steadily and substantially increased thanks to better nutrition and health care and higher educational achievement by their parents. Children in general should be getting *easier*, not harder, to teach.

Briefly put

Many government schools in the U.S. are doing an unacceptably poor job preparing children for productive and rewarding lives. The failure has been well documented by government agencies and private researchers.

This failure cannot be blamed on taxpayers (lack of spending) or on students (children have become more difficult to teach). Nor can it be blamed on all teachers, many of whom surely are doing their best, often under challenging conditions.

The fact that private schools are doing much better than government schools, often while spending just half as much per student, means the problem is with the way government schools are organized.

Why do government schools fail? In the next chapter we present the six root causes of failure. In Chapter 3, we will show how school vouchers solve each of those problems.

Two

Why Government Schools Fail

Government schools fail for six reasons. All of them are institutional in nature, arising from the way schools are organized, funded, and managed. As a result, these problems are fiercely resistant to reform efforts coming from within the education establishment.

1. Lack of competition and choice

The most distinctive feature of the government school system is its near-monopoly on the use of public funds earmarked for education. With a few exceptions, such as aid for special-needs students, travel and book expenses for children attending private schools in some states, and a few pilot voucher programs operating around the country, private schools are not eligible to receive tax dollars.

Private schools, charging an average of about $4,000 per year for tuition, must compete against "free" government schools that typically spend more than $8,000 per student per year. Not surprisingly, the private market for schooling is small, enrolling less than 12 percent of school-age children. Eight of 10 private schools are nonprofits and rely on subsidies from a church to supplement revenues from tuition.

The way government schooling is organized also ensures there is little or no competition among government schools for students. Students are assigned to schools based on where their parents live, and transfers to schools outside a district are seldom allowed. Revenue from state and local taxes is given to government schools largely without regard to the success or failure of schools. Their customers—

parents—can choose different schools for their children only by buying new homes in school districts with better government schools or paying private school tuition in addition to school taxes. With property taxes so high and private tuition costing thousands of dollars a year, most low- and even middle-income families simply cannot afford to pay twice for their children's schooling.

The near-absence of competition and consumer choice makes K-12 schooling in the U.S. very different from nearly all other areas of our social and economic lives. We are free to choose among competing providers of food, clothing, transportation, and shelter. When we shop for coffee or laundry detergent at a typical supermarket, we face dozens of products offering different combinations of features and prices. The same is true for major purchases, such as a home or an automobile. In each of these areas, we have a right to choose among a variety of companies competing to serve us best.

Even in the field of education, except for K-12 schools, competition is the rule rather than the exception. Preschool and day-care providers tend to be private and compete to serve parents. Colleges, universities, and trade schools are sometimes private and sometimes government managed, but they compete for students and public funding. Only in the arena of K-12 schooling are competition and choice effectively outlawed.

The absence of competition and choice means many parents are forced to send their children to schools they do not like and that do not meet their needs. As John Chubb and Terry Moe wrote:

Lacking feasible exit options, then, whether through residential mobility or escape into the private sector, many parents and students will "choose" a public school despite dissatisfaction with its goals, methods, personnel, and performance.[11]

This involuntary assignment of students to schools discourages parents from engaging in activities to support their children's schools, and probably encourages government schools to erect bureaucratic barriers to parental involvement. Surveys show that parents who enroll their children in government schools spend less time participating in school activities than do parents who choose private schools.

By severely limiting competition and choice in K-12 schooling, we have entrusted the education of America's children to a monopoly, albeit a public-sector monopoly. "Public monopolies," writes CUNY management professor E.S. Savas, "can be expected to behave just like private ones, not because the people working in them are greedy or venal, but because the underlying incentives are the same and human beings inevitably respond to them in the same way. Thus, monopolies tend to become inefficient, ineffective, and unresponsive."[12]

Superintendents and principals cannot rely on enrollment data to tell them whether or not they are satisfying parents, the way a businessman can look at sales reports. Nor do they have a profit-and-loss statement to tell them when they are paying too much to produce their service. Parents and taxpayers typically cannot compare how much government schools spend or how their students perform, and so have no way of knowing which schools are most productive.

Even though it is discouraged by the current school funding system, some competition occasionally occurs within geographical areas, caused, for example, by the presence of many small districts as opposed to one district within a county. After reviewing 35 studies of the effects such "accidental" competition has on student achievement and other outcomes, Clive Belfield and Henry Levin concluded: "A sizable majority of these studies report beneficial effects of competition across all outcomes, with many reporting statistically significant coefficients."[13]

2. Ineffective school boards

School boards are often compared to the boards of directors of private companies, and in some ways the comparison is apt. But there is a crucial difference: The continued survival of a private business depends on its ability to satisfy customers by producing products they want at a price they are willing to pay. Government schools, because they are financed by taxes and do not have to compete for students, are rarely at risk of "going out of business." The effects of this difference on the incentives of board members are considerable.

School boards can, and in many parts of the country do, oversee schools that have been dismal failures for years and even decades. In some cases, school boards are simply unable to impose change on the powerful bureaucracies that supposedly work for them. "The board's direct influence over the school, even if the board is powerful and aggressive, is often thoroughly mediated by the board's administrative agents."[14] Reform-minded board members are simply no match for a permanent bureaucracy supported by well-organized special interests.

Few school board members have extensive board, business, or education experience. Indeed, the best and brightest may resist calls to give such thankless and nearly impossible service to their communities. Serving limited terms with little or no pay or staff support, denied access to accurate information about achievement and productivity, and hobbled by federal and state mandates and union contracts that dictate most important decisions, the typical school board member's task is unenviable.

Since individual board members have little opportunity to genuinely improve schools, school boards tend to be dominated by people who serve for reasons that may have little to do with managing schools for maximum productivity. They focus their attention on personnel and ideological issues, rather than the much tougher matter of whether the schools are achieving results.

It comes as little surprise, then, that many school boards endorse such fads as whole language, "authentic tests," Ebonics, and bilingual education—the success of which remains undemonstrated in randomized experiments or statistically controlled research. Championing such dubious causes when they are new allows board members to gain reputations for being "innovative" and "on the cutting edge," a useful thing when running for board chair, mayor, or state representative. There is little chance these board members will still be serving when the disappointing results of the fad come in … if, that is, the bureaucracy even allows the disappointing results to be known.

3. Powerful teacher unions

Powerful teacher unions are the third reason government schools fail. The National Education Association (NEA) and American Federation of Teachers (AFT) together enroll more than 3 million members and collect more than $1 billion a year in union dues. More than 70 percent of government school teachers are employed pursuant to collective bargaining agreements, making the government schools one of the most unionized workforces in the U.S.

Most teacher union leaders adamantly oppose school choice, even when limited to government schools, and other reforms such as merit pay that would make schools more accountable to parents and taxpayers. Such reforms would make it more difficult for unions to organize teachers, since schools that must compete for students cannot afford the burden of union-required personnel policies that raise costs without improving the quality of services being produced. For example, few private schools tolerate union contracts requiring five years and more than $100,000 in legal and other expenses to terminate an incompetent employee, yet this is a standard part of teacher union agreements.

Teacher unions oppose vouchers, then, because it is more difficult for them to organize members in schools that have to compete for students. Fewer members means less income from union dues, less political influence, and ultimately lower salaries and benefits for union leaders.

Teachers themselves, it is important to note, are not uniformly opposed to vouchers. Many would benefit from less bureaucracy and would prefer their compensation be determined by performance, rather than union agreements. Government school teachers are twice as likely to send their children to private schools as is the general public, which shows they view private schools as high-quality competitors. Union leaders and organizers, by contrast, are driven by self-interest to oppose most reforms that might lead to greater competition among schools and more control by parents.

Teacher union leaders have exceptional power over most school boards and superintendents, allowing unions to shape education policy as well as the terms of teacher employment contracts. This power arises from the unions' position as the principal suppliers of labor to a political enterprise that operates with little regard to cost or quality. The threat to strike is especially potent in such a situation, since management is likely to capitulate quickly to avoid facing angry parents. Economists call groups such as teacher unions "rent seekers" because they use their positions in government programs to extract a payment, or "rent," from captive consumers.

Teacher union leaders use this "rent" to raise salaries and benefits (for themselves and their members), pay for time spent on union organizing, and strengthen legal protections for job security ("tenure"), and to ensure no legislation is adopted that might disrupt their monopoly power. Charles Sykes, a senior fellow at the Wisconsin Policy Research Institute, explains how politically powerful teacher unions have become:

> *In some states, the teachers union has become the functional equivalent of a political party, assuming many of the roles—candidate recruitment, fund-raising, phone-banks, polling, get-out-the-vote efforts—that were once handled by traditional party organizations.*[15]

According to court documents, the NEA affiliate in Washington state spends approximately 70 percent of the dues it collects on political activity. There is little reason to believe NEA and AFT affiliates in other states invest a lower share of their income in politics. Together, the NEA and AFT employ more political operatives than the Democratic and Republican Parties combined. Their delegations at the 1996 Democratic convention—405 representatives—were larger than all state delegations but California.

The next time you hear an advertisement about school financing on the radio, pay careful attention to who paid for it. Chances are, a teacher union or advocacy group created by a teacher union has. The Parent Teacher Association (PTA), for example, though its name implies otherwise, is closely aligned with teacher unions and opposes any reforms not endorsed by teacher unions. Most of what you hear and read during school board elections, referenda for school taxes, and debates over state policy on education comes directly or indirectly from teacher unions.

Obviously, teacher unions and other groups that benefit from the government school monopoly have a right to communicate their concerns to the public (so long as they do not use public funds to finance their public relations campaigns). Our message is simply this: Teacher unions benefit from the current system of school finance and will defend it even though it is harming millions of children. You have every reason to be skeptical when union spokespersons or their paid messengers come calling.

4. Conflicts of interest

Government school employees operate in an institutional setting rife with conflicts of interest. Superintendents propose budgets and decide what levels of academic achievement constitute success, while at the same time they are responsible for delivering the service: hiring and managing the teachers, choosing and maintaining the facilities, and so on. In the private sector, markets determine revenues and what level of achievement is acceptable, and producers must strive to produce services that can pass the market's tests.

Superintendents face powerful incentives to set standards lower in order to make them easier to reach, and to raise the budget in order to avoid difficult negotiations with teacher unions. They may defer maintenance of facilities, since this will be little noticed during their brief tenures, and make countless other decisions that contradict the goals of efficiency and excellence.

One conflict of interest that is easy to understand concerns how superintendents are compensated. Often they are paid according to the number of people who report to them, and so they face strong temptations to expand the size of their staff of administrators and teachers. But unless a superintendent is truly misinformed, he or she knows larger districts and larger schools adversely affect student achievement by making it less likely students receive the attention they need to excel.

The positions of government school principals are also tenuous. The lack of a coordinated curriculum and inconsistent assessment methods make it almost impossible to accurately assess the performance of their staff. Even if they could make such distinctions, a complex and detailed collective bargaining agreement severely limits their managerial choices. Merit pay to reward and retain outstanding teachers is strictly off-limits in nearly all government school systems. Tenure laws make it so difficult and expensive to terminate incompetent staff that principals try to work around, rather than replace, even potentially dangerous staff such as pedophiles.

These conflicts of interest mean government schools will often fail even though they are staffed by well-prepared and highly motivated teachers and staff, and even though they may have state-of-the-art facilities and the best available curricula. A California school reform activist, Marshall Fritz, has used the image of a canoe made out of cement to illustrate how great a handicap government school teachers and staffs face. No matter how hard they row or how carefully they navigate, they are bound to sink anyway. Only competition and parental choice can replace the concrete canoe with one that floats and can take us to our destinations.

5. Political interference

Decision-making among families and friends is usually done without committees or a complicated approval process, because those relationships are based on love and close familiarity. Similarly, when we act as buyers or sellers of goods or services, we do not usually have to vote on what we want to do or consult hefty tomes containing rules and regulations we must follow. Institutions we take for granted outside of government—prices, competition, warranties and guarantees, and publications such as *Consumer Reports*—help us make the right decisions.

Political systems, because they bring together strangers with different views and interests, cannot rely on love or familiarity. Because they do not use or allow for prices or competition, they do not have the kinds of institutions that work in the private sector. And yet, political systems must confront and solve many of the same problems faced by families and economies: They must set goals, delegate authority and responsibility, monitor achievement, and prevent fraud and misconduct.

Political systems attempt to achieve these things by relying on rules and bureaucracy. Each layer of government or bureaucracy attempts to restrict the discretion of the layer below it by imposing rules, requiring reports, and naming oversight committees. The more complex the service, the more costly, complicated, and detailed become the rules and bureaucracies needed to oversee it.

Schools are complex enterprises indeed. Next to parenting, what takes place in a classroom between teacher and student may be the most subtle and difficult-to-evaluate relationship between adults and children in contemporary society. Each effort to impose political management on what occurs in classrooms results in a maze of mandates, categorical aid programs, political and regulatory oversight agencies, and conflicting and unnecessary restraints on school-site personnel, until "virtually everything of consequence is either forbidden or compulsory."[16]

Federal officials usurp state and local autonomy and reduce efficiency by directing the annual spending of many billions of dollars for "categorical" or "compensatory" programs to remedy various social and individual ills. In theory, these funds go to small, special classes and services for children categorized as poor, migrant, bilingual, racially segregated, or psychologically impeded. In practice, the programs have created special producer interests and huge bureaucracies at the federal, state, and local levels.

Politics, in short, seems a particularly bad way to organize and deliver a service as complicated and important as schooling. This is probably why schools historically have not been run by governments, but instead by private organizations such as churches, nonprofit organizations, and for-profit businesses. We will return to this point in Chapter 6.

6. Centralized funding and control

During the past four decades there has been a dramatic shift of responsibility for funding schools up the ladder of federalism—from local governments to states or the federal government. Currently, the federal government provides about 8 percent of government school funding; states, about 50 percent; and local governments, the remaining 42 percent.

As their shares of total spending have increased, federal and state government agencies have attached more strings and red tape to their grants. Local school districts have become larger in order to handle the paperwork requirements of complying with state and federal regulations.

The trend toward more centralized funding and control is closely associated with declining student achievement. States that rely least on local taxes report the lowest academic test scores and lowest productivity. Waste and lack of measurable results are also greatest for programs that rely on federal rather than local funding, such as Title I programs and Head Start.

The inverse relationship between centralized funding and student achievement almost certainly arises because it is easy to waste "someone else's money." Projects that could not be justified if local taxpayers had to pay the entire price are undertaken when state taxpayers pay half and the federal government pays another 8 percent. Similarly, local taxpayers are less likely to carefully monitor their schools' spending if each of their tax dollars is being matched by a dollar, or more, of money from taxpayers outside the community.

Increasing regulations reduce the ability of local government schools to respond to parents, innovate, and take advantage of local opportunities to improve quality and productivity. At the same time, state and federal funding has made it more difficult for parents to "vote with their feet" against ineffective schools by moving to a different district or even a different state, because heavy regulation makes government schools almost all alike, with largely identical school and personnel policies and curricula.

A larger state share of school funding brings with it increased regulation, reporting, bureaucracy, and further distraction from learning. Much energy goes into the question of who governs: the federal government, the state, the local district, the school's principal, its teachers, or its concerned parents. It becomes nearly impossible to affix responsibility for results.

Centralization also means mistakes, when they occur, affect many more children and take longer to correct. California's tie for last place in recent reading assessments may be attributable to its disastrous adoption of "whole language" instruction, a mistake spread statewide and perpetuated by a highly centralized funding and decision-making system.

Briefly put

Government schools fail for six reasons: lack of competition and choice, ineffective school boards, powerful teacher unions, conflicts of interest, political interference, and centralization of funding and control.

The flaws of government schools grew more apparent during the last half-century as citizens lost local control, as school governance and management centralized in large districts and at the state and federal levels, and as government educators became increasingly indifferent to their customers' needs and desires. The results in many communities are stagnant bureaucratic systems that deliver mediocre results at high and rising costs and are dissatisfying to the public, parents, and students.

The next chapter explains how a system of school vouchers would address each reason the current system fails. As a result, vouchers would improve the schools attended by every child.

THREE

How Vouchers Improve Schools

A voucher system would give the tax dollars already being collected for education to parents, rather than to government bureaucracies. Parents would then use the dollars to pay tuition at the schools of their choice, whether government or private. Later in this book we will describe how much vouchers should be worth, what regulations participating schools would have to comply with, and other specific design aspects of voucher programs.

Why would a voucher system be better than our current system? This chapter shows how vouchers solve the six problems identified in the previous chapter.

1. Creating competition and choice

Voucher programs would break up the government school monopoly, replacing it with competitive markets in K-12 education. Every parent would have the power to withdraw his or her child from a school that is failing to do a satisfactory job and enroll the child instead in a school that promises to do a better job. While some restrictions would limit the range of schools from which parents could choose, a well-designed voucher program would give most parents many schools from which to choose.

What proof do we have that parents actually want to choose private schools for their children? Research by economists Barry Chiswick and Stella Koutroumanes on the effects of tuition on private school enrollment[17] and surveys by several leading experts suggest a voucher plan would increase from about *one* in 10 to *six* in 10 the number of students attending private schools. This transition would take place gradually, perhaps over the course of one or two decades, since many parents with children already attending government schools would hesitate to interrupt their children's school careers.

Terry Moe's careful analysis of public opinion, published in 2001, found "most public school parents say they would be interested in going private," and "even 'satisfied' public parents might be interested in going private if they were motivated by the desire to seek out better alternatives."[18] An international example suggests that is probably true: When the Netherlands introduced a voucher system a century ago, one-third of Dutch children attended private schools. Today about six in 10 do.

Vouchers would reward parents who take the time to compare different schools, enabling them to place their children in the ones they decide are best. Studies of parental involvement in private schools and in schools that participate in pilot voucher programs show these investments of time and energy do not stop once a school is chosen, but grow larger as parents participate in a variety of school programs and continue to compare the chosen school's programs to those of competing schools.

Vouchers also profoundly change the incentives of school administrators. Under the current government school monopoly, school administrators have little reason to be responsive to the concerns and suggestions of parents, since the cost of withdrawing a student from a school is higher than most parents can afford to pay. Government schools evolve large and powerful bureaucracies to limit and discourage parental input, and the absence of competition and choice allows them to get away with it.

Vouchers mean each time a student transfers from a government school to a private school, the tax dollars raised for that child's schooling "follow the student" to the new school. That means government schools would have a strong financial incentive to improve in order to discourage parents from removing their children. A voucher system, in other words, creates real consequences for government schools that fail to listen to parents and improve their programs.

Private schools, too, would face stronger incentives to be responsive to parents under a voucher plan. Under the current education funding system, private schools operate at a tremendous financial disadvantage with government schools, since tuition at the local government school is free, while private schools must charge several thousand dollars or rely on charity. Parents who are willing to make the financial sacrifice required to choose a private school are often motivated by the desire to have their children receive religious instruction and may overlook mediocre academic achievement and other, secular, measures of output.

Having to rely on charity—as about eight of every 10 private schools do—also reduces a school's accountability to parents. Schools that depend on charity compete for benefactors, not necessarily for students. They are also relatively unattractive to investors, banks, and other sources of capital for expansion and improvements. These institutions impose fiscal discipline on for-profit schools.

2. Replacing ineffective school boards

Under a voucher plan, taxes raised for education would go to parents instead of government school administrators. Some parents would still choose government schools for their children, and these schools will need to be overseen by school boards. But those boards would be much better positioned to do their jobs correctly.

Under the current government school monopoly, most parents are unable to remove their children from a failing school no matter how poorly it performs. Many school board members act as if a stable or rising enrollment is proof their schools are doing well, even though there might well be an exodus if parents were free to choose a different school. Under a voucher program, that complacency would end. Enrollment would be strongly affected by customer satisfaction, and conscientious board members could use falling enrollment as proof that real reforms are needed.

Under the current school finance system, taxpayers, not willing customers, are required to finance the school system's budget. It is often easier for school board members to lobby for more money from local taxpayers or the state than to oppose demands from administrators and teacher union leaders for higher pay, shorter working hours, or stronger tenure protections. Since taxpayers are footing the bill, it is relatively easy for school boards to trade labor peace for cost containment.

Competition and parental choice would force school boards to say no to big-spending superintendents and to negotiate much harder with their unions. The candy store—taxpayer's money—would be closed. Income would have to be earned by winning the confidence of voucher-bearing parents, and if enrollment falls, spending would have to be cut in pace with it.

Those school systems—including government school systems—that did a better job controlling costs would be able to charge less for tuition[19] or invest in assets and services that translate into higher-quality instruction, and draw students away from less-efficient schools. School board members would be able to point to what other schools are doing to spend less or operate more efficiently and call on their own administrators to do the same, or risk losing funding as enrollment falls. Unlike the present system, successful schools would attract more students, and consequently more money, providing an incentive to perform well.

Finally, in order to arrest enrollment declines or take advantage of opportunities to increase enrollment, school board members would insist on lowering the barriers to real parental involvement in government schools. Government school bureaucracies are many times larger than private school management, and much of this staff is intended to manage or deflect the concerns of parents and community members. No private school could survive with such a thick and expensive wall separating its managers from its customers. Once vouchers are in place, those walls would fall for government schools as well.

While voucher plans differ in their details, most include provisions for splitting existing school boards into two separate boards, one responsible for collecting tax dollars and issuing vouchers to all eligible parents, and the other for overseeing the administration of the government schools that make up only part of a competitive education marketplace. Those who design the voucher plan could decide if it is necessary or desirable to give the taxing boards more authority than necessary to collect school taxes and distribute vouchers, or that choice could be left to local voters.

3. Overcoming powerful teacher unions

The greatest obstacle to true reform in any field is the power of interest groups who benefit from the status quo. In K-12 schooling, teacher unions are the biggest and most politically powerful of such groups. Vouchers would diminish their influence in the education policy debate, yet allow them to represent the true interests of their members.

The current government school monopoly allows teacher union leaders and school administrators to collect hundreds of millions of dollars in "rent" each year to use to thwart reform efforts. Under a voucher plan, this flow of dollars from taxpayers to union officials would be considerably reduced. As students switch from largely unionized government schools to mostly nonunion private schools, unions would have fewer members paying dues. Moreover, their members' interests would no longer always be in lock-step agreement. Teachers would be working in schools, whether government or private, that must compete for students and funding. They would face strong incentives to oppose feather-bedding, large expenditures on lobbying, litigation on behalf of incompetent or potentially dangerous employees, and other expensive practices now commonplace in government schools.

School vouchers would create a counterforce to the present government school establishment, in the form of a thriving marketplace for new private schools. Teachers would face a wider range of career opportunities, including traditional government schools and church-affiliated private schools, but also schools operated by national for-profit companies, new community-based nonprofit schools, and even private partnerships formed by small groups of teachers.

Once voucher programs are in place for a few years, the political balance would shift away from unions and government school defenders toward parents and education entrepreneurs seeking to meet their needs.

4. Ending conflicts of interest

Vouchers would end many of the conflicts of interest that afflict the current government school system. School boards would no longer be able to set academic standards and claim credit for meeting them, which in the past has led them to lower standards. Instead, informed and motivated consumers would decide what level of academic achievement is acceptable to them. Similarly, school boards would no longer be able to collect taxes for education and also decide how to spend it, which has led to wasteful spending and acquiescence to unreasonable union demands in the past. Instead, government schools would have to compete among themselves and with private schools for the right to receive public funds.

Under a voucher system, school superintendents could focus on actually operating their schools, rather than lobbying for lower standards or more money. They would have clear financial incentives to focus on what parents want, since their budgets would be determined by how many students they are able to attract. And they would be much freer to do what is necessary to improve their schools, since teacher unions would be much less powerful.

Such counterproductive management policies as paying superintendents according to how big their staffs are would not be tolerated if schools actually had to compete for students. Districts and schools would become smaller in order to specialize in offering what parents want, and to give parents more opportunities to participate in school management and activities.

Principals also would benefit from vouchers. Competition with other schools for students allows principals to study what other schools are doing to learn what works and doesn't work, a practice called "benchmarking" that is nearly meaningless when conducted by a government monopoly. Under a voucher plan, principals will finally be able to assess the performance of their staffs and, freed from restrictive union agreements, able to hire and fire so as to create a team that can work together for excellence.

5. No more political interference

One of the slogans of the voucher movement is "let parents choose, let teachers teach, let students learn." There is no mention of politicians and bureaucrats, because vouchers would dramatically reduce the roles of both.

Government schools rely on voting, committees, and bureaucracy to manage what goes on in classrooms. This system of political management is inimical to many of the characteristics of effective schools, which John Chubb and Terry Moe observe include "an academic focus, a strong educational leader, a sharing of decision-making, a high level of professionalism and cooperation among teachers, and respect for discipline among students."[20]

When parents observe that a government school isn't working—when their child is getting good grades but has difficulty reading or solving elementary arithmetic problems, for example—they may try to use the political process to change things, but such efforts are often fruitless. As Chubb and Moe explain, parents have a right to try to remedy the situation through the democratic control structure. But everyone else has the same right, and the determinants of political power are stacked against them. Democracy cannot remedy the mismatch between what parents and students want and what the public schools provide. Conflict and disharmony are built into the system.[21]

Vouchers empower parents without relying on politics by giving them the same power they have as consumers of other important goods and services such as housing, food, clothing, and transportation: the power to choose among competing producers. This power is more effective than the power to vote in elections for school board members or appeal to officials in unelected school bureaucracies.

Political interference by state and federal officials in the operations of schools would be strictly limited in a voucher system. Their roles would be limited to collecting taxes and issuing vouchers, and perhaps mandating what tests must be administered to students and how test results are distributed. A strong and growing coalition of parents and educators will lobby to protect the autonomy of private schools and free government schools from rules and regulations that make them unable to compete for students.

6. Decentralizing funding and control

Vouchers dramatically decentralize funding and control over schools. They replace "top-down" accountability with "bottom-up" accountability, recruiting every parent to help monitor the quality of schools and move resources from those that are failing to those that are succeeding.

The miracle of vouchers—what makes them such a powerful force for reform—is that the tax dollars follow the student. What level of government collects the money is less important than that the money is given to parents, in the form of certificates or scholarships that can be used only to pay tuition at qualified schools. Each parent then decides which schools should receive funding, and all parents have strong incentives to monitor their chosen schools' performance.

Taxes collected by all three levels of government can be "voucherized," either by each level of government individually, or by the county or local school district. President George W. Bush, for example, has proposed voucherizing federal aid to low-income and learning-disadvantaged students. Those funds could also be voucherized by local governments, so long as they continue to go exclusively to the students for whose benefit they are intended.

Most legislative activity on the school voucher front is expected to occur at the state level, since responsibility for providing and funding K-12 schools is typically given to states by state constitutions. (The U.S. Constitution does not include financing education or managing schools among the enumerated powers of the national government.) States can create statewide voucher programs open to all parents, statewide programs open only to low-income families, or programs limited to certain cities or counties where government schools most need improvement. States also can design programs to allow local communities to opt into a voucher program through popular referenda or choose to stay with their current system of school finance.

However they are designed, voucher programs put an end to the increasing centralization of school funding and control. They turn the current system upside down, putting parents in the driver's seat and making bureaucrats strive to meet their needs. Accountability comes from millions of active and informed parents demanding quality schools for their children.

Briefly put

By giving parents the power to choose the best schools for their children, a voucher program would replace the government school monopoly with competition and choice. Parents would be encouraged to get more involved in their children's education, and educators would be prompted to take the concerns of parents much more seriously.

Vouchers would remove the endless conflicts of interest faced by school board members, superintendents, and principals and allow parents to make their concerns heard far more effectively than is now the case. Opposition to reform from teacher unions and other interest groups would be much diminished and more easily overcome.

By replacing "top-down" accountability with "bottom-up" accountability, vouchers end the trend toward concentrating authority at the state and federal levels, allowing every parent to help decide which schools get funding and which do not.

FOUR

What Is Capitalism?

Many criticisms of vouchers are actually thinly veiled criticisms of capitalism, the way the economy in the U.S. (and most of the rest of the world) is organized. This is not merely a verbal trick by voucher opponents: Vouchers, after all, would rely on the institutions and processes of capitalism to educate most of the nation's roughly 45 million school-aged children.

A discussion of what capitalism is and how it works may seem elementary and unnecessary in a book about school reform, but the current debate reveals its importance. Basic economics is seldom taught in high schools and largely neglected in popular magazines and the press. Even undergraduate college courses typically neglect what is called "microeconomics," the study of how prices are discovered and exchange takes place.

This chapter reminds the reader of (or introduces the reader to) some basic truths about capitalism. In the next chapter, we rebut some of the most popular anti-capitalist myths. Then, in Chapter 6, we will return to education by describing how capitalism and education are compatible.

Not a philosophy but an economy

The word "capitalism" sounds like the label of a philosophy, rather than a system of producing, distributing, and consuming goods and services. But capitalism is, in fact, just a type of economy. What distinguishes it from other economies, as economist Thomas Sowell has written, is that it is "not run by political authorities."[22]

Unlike the economy of the household, the economies of our neighborhood, community, and nation are characterized by specialization and the division of labor. People acquire different skills, enabling them to work in groups to produce a relatively narrow range of goods in abundance. Goods can be exchanged on a regular basis, increasingly with people who are not members of the producer's household or community.

Exchange creates the problem of coordination: How much should be produced, and on what terms should it be exchanged for the products of other producers? Traditional societies give that authority to individuals or groups by virtue of their birth into a caste or ascension in a tradition-defined hierarchy. Militaristic or totalitarian societies give authority to dictators or elites, who enforce their will through the exercise of force or terror.

Communism attempted to solve the coordination problem by eliminating private property rights and voluntary exchanges, placing important economic decisions in the hands of centralized planners. The global collapse of communism in the 1990s arose from the enormous inefficiency and corruption that resulted and Mikhail Gorbachev's inability to reform the system. To solve the coordination problem, communism had to be replaced with capitalism.

Three institutions of capitalism

Capitalist societies use *freedom* to solve the coordination problem. Three institutions stand at the center of a capitalist economy: private property, markets, and the Rule of Law.

Private property. In a capitalist economy, people have rights to the fruit of their labor and whatever other property they acquire through legal means. Property includes a person's life (we own our own bodies) and liberty as well as physical possessions. Alienable property—possessions—can be sold or leased to others. Inalienable property—life and liberty—cannot be sold at any price.

Markets. Markets are where goods and services are exchanged. Producers (sellers) and consumers (buyers) meet in markets to negotiate mutually agreeable prices for the goods and services that are exchanged. In a free market, no outside authority determines or fixes those prices.

Rule of Law. Capitalism requires that rules defining property rights and the duties and rights of citizens be established, made widely known, and enforced. A key aspect of this legal system is "equality of laws to all manner of persons," or what we call the Rule of Law. Capitalism depends on the Rule of Law to prohibit coercion and fraud. Without the Rule of Law, long-term agreements and contracts would be risky or impossible, because people could not be prevented from dealing dishonestly with each other.

Working together, the three institutions of capitalism solve the coordination problem. History has shown they also make it possible for vast increases in the amount of trade to take place among individuals, and consequently the amount of specialization and division of labor that can occur. Since it is the division of labor that fuels improvements in productivity, a capitalist system is also an engine for economic growth and prosperity.

How capitalism works

To see how capitalism works, picture two people meeting in a market, one with something to sell and the other looking to buy the same item. The buyer and seller will engage in trade voluntarily only if both expect to benefit from the exchange. An object worth relatively little to one person may be worth more to another, because their wants, opportunities, and perspectives are different. The stage is set for a mutually beneficial and voluntary trade.

When many buyers and sellers meet in markets to exchange goods and services, their offers and bids create *prices* that can be posted, advertised, and otherwise made known. This feature distinguishes capitalist economies from all other economic systems. Prices reflect each individual buyer's and seller's knowledge of particular circumstances of time and place, a huge body of information that cannot be known to any one person. Prices act as signals telling producers what consumers are willing to buy, and consumers what producers are willing to sell.

In a capitalist system, assets such as land are privately owned and can be bought and sold freely. Those who think they can put a particular piece of property to better use than its current owner can bid to own it. The owner of the under-performing property has an incentive to sell it to the highest bidder, who is able to pay more than what the property is worth to its current owner. The result is that property tends to find its way into the hands of those who can put it to its best and highest use, thereby minimizing waste and reducing costs.

Entrepreneurs are people alert to opportunities to make profits by putting resources to better use. They anticipate what consumers want, how much they are willing to pay for it, and how much it will cost in the future to provide it. Entrepreneurs whose forecasts are most accurate, and businesses that produce most efficiently the products consumers want, are rewarded by being able to sell the most product. Entrepreneurs who guess wrong and businesses that are inefficient producers will sell less, and possibly stop producing products altogether. As a result of this competition, those businesses that remain in the market are the ones that most accurately anticipate and most efficiently meet consumer wants, and the prices they charge tend to be the average or typical market price.

Profits are necessary to the entrepreneurial process. The prospect of profits determines how much a business invests in producing a product. At any given time countless opportunities are being created and disappearing in a large and complex economy. The profit motive harnesses the knowledge and self-interest of many competing producers and potential producers of goods and services to determine which opportunities should be acted on and which passed over.

Competition among producers (sellers) and consumers (buyers) ensures the profits earned by entrepreneurs and the prices paid by consumers tend to be driven down toward the lowest level a producer is able to accept and still have enough money to produce the product. If one producer tries to keep his prices too much higher than his cost of production, the profit motive causes other producers to try taking orders away by offering a lower price. In this way, competition and choice ensure better goods and services are available at lower cost to consumers who most value them.

Competition works to limit the profits that entrepreneurs and businesses are able to earn. In a typical year, profits amount to less than 6 percent of national income, and from 1968 to 1998 they did not exceed 9 percent.[23] This would seem to be a reasonable price to pay for the important role profits play in directing resources to where they are most needed. (So-called "windfall" profits will be addressed in the next chapter.)

Markets versus government intervention

The discovery that private property, markets, and the Rule of Law together create an economy that works best without government management is generally attributed to Adam Smith (1723-1790). In *The Wealth of Nations*, published in 1776,[24] Smith wrote that each of us, though we aim at only our own gain, is "led by an invisible hand to promote an end which was no part" of our intention, which is the public or common good. Self-interest guides consumers to the most efficient producers (who can offer the best value for money), and competition among producers ensures innovation and efficiency are rewarded.

Many efforts have been made by many countries to make capitalism "more efficient" by interfering in one of the three key institutions of capitalism. Surely human planning can produce better results than the spontaneous outcome of unplanned and unthinking markets! But such efforts have rarely, if ever, succeeded. Each attempt reveals private property, markets, and the Rule of Law are necessary for the creation of prosperity and preservation of individual freedom. Seemingly small departures from capitalist institutions often trigger unintended consequences that jeopardize the efficiency of markets and the freedom of individuals.

This does not mean there is no role at all for government to play. Adam Smith and many leading defenders of capitalism found room in their theories for a substantial role for government. For example, Milton Friedman says "the need for government ... arises because absolute freedom is impossible. However attractive anarchy may be as a philosophy, it is not feasible in a world of imperfect men."[25]

Government has an important role to play, but it must not undermine the key institutions of private property, markets, and the Rule of Law if economic growth and prosperity are to occur. As Henry Hazlitt wrote:

It is the proper sphere of government to create and enforce a framework of law that prohibits force and fraud. But it must refrain from specific economic interventions. Government's main economic function is to encourage and preserve a free market.[26]

Capitalism and intellectuals

Why is capitalism so widely condemned by liberal politicians, social philosophers, and many popular writers? Why is socialism—government control of the means of production—so much more popular on college campuses and with the national news media? The answer is a combination of intellectual curiosity, self-interest, and self-selection.

By 1890, the start of the Progressive Era, defenders of capitalism had settled into the routine and often unexciting task of filling in the details of the theory. Its leading proponents spent little time teaching the next generation about the institutions of capitalism, which they either took for granted or themselves thought could be improved by government intervention. As a result, the best and brightest of the next generation were attracted to socialism as something new, daring, and cutting-edge. Few bothered to learn the true history of capitalism or how capitalist economies worked.

Many intellectuals and politicians saw themselves as prime candidates to advise or lead the government agencies that would reform and improve the institutions of capitalism. "Advocacy of extensive reform," Frank Knight wrote in 1935, "is practically the solicitation of the position of king on the part of the reformer."[27] Though it may not have been the intention of most socialists, the theory of socialism has often been used to justify the centralization of authority in the hands of elites.

The leftward lean of most college and university faculties also reflects self-selection by those who oppose the institutions of capitalism. In a prosperous and growing economy, talented people who have no objection to capitalism have many avenues available to them for achieving influence and power, including business, law, and medicine. Those who object to capitalism, though, may see their best opportunities in the publications and platforms of the academy, and so are over-represented in colleges and universities … and in K-12 schools, too.

Briefly put

Capitalism is a system that relies on *freedom*, rather than tradition or military force, to organize the production, distribution, and consumption of wealth. Its key institutions are private property, markets, and the Rule of Law. Two key elements of capitalism are prices and profits, which make it possible for producers and consumers to make the best choices.

Although much planning takes place in a capitalist economy, there is no central plan or planner. Instead, capitalism's institutions and the profits, prices, and other instruments it creates form a spontaneous order, continuously adjusting to new information, fulfilling needs, and discovering new opportunities. Efforts to "improve capitalism" by planning have usually failed.

In Chapter 6 we will consider how education fares in such a system. But first, in the following chapter, we rebut some of the most common myths about capitalism.

CHAPTER FIVE

Seven Myths about Capitalism

The failure of the economics profession to debunk popular myths about capitalism poses a tremendous challenge. When school reform advocates talk about "choice," "empowering families," and "healthy competition," their audiences often have visions from Charles Dickens' *Oliver Twist* or Steven Soderbergh's *Erin Brokovich* running through their minds. In this chapter we will lay to rest seven of the most popular myths about capitalism.

Myth #1: Corporations cheat, steal, and lie to make a profit.

Critics say we cannot trust corporations to do the right thing, because they "put profits before people" and are willing to cheat, steal, and lie to increase their profits. They point to Enron, WorldCom, and other recent cases where large corporations broke accounting rules, misled investors, and enriched themselves with huge bonuses and loans even as investors and employees were losing billions of dollars.

Corporate executives who break the law should be punished, of course. The Enron and WorldCom cases revealed that some corporate boards, accounting firms, and investment advisors failed to do their jobs. They should be replaced and, where appropriate, punished. But what lessons about capitalism do these corporate misdeeds teach?

By engaging in fraud, these corporate executives violated the laws that make capitalism possible. The stock market moved quickly to reduce the value of their companies' stock, pushing them into bankruptcy in a matter of months following disclosures of wrongdoing. Their assets are now in the hands of other businesses that investors believe are more trustworthy. One of the world's largest and oldest accounting firms, Arthur Andersen, was prosecuted swiftly and put out of business. Hundreds and perhaps thousands of companies are reexamining their corporate oversight systems to make sure they have not similarly overlooked criminal conduct.

In short, the institutions of capitalism worked to limit the damage done by corrupt businessmen and are working to prevent similar harm in the future. While the episodes were costly to investors and some employees of the companies involved, they do not illustrate fundamental flaws in the capitalist system.

Now compare the Enron and WorldCom cases to government-run enterprises where waste and fraud are widespread and have been tolerated for decades. Amtrak and the Postal Service, for example, cost taxpayers billions of dollars a year, yet reform efforts have proceeded at a snail's pace. The same can be said of many of the country's largest government school systems.

Although the public today is correctly concerned about ethics in the private sector, there is broad understanding that corruption is probably more widespread in the public sector. When a national survey asked how much confidence Americans have in banks, big business, Congress, the criminal justice system, labor, the medical system, military, newspapers, police, and television, those surveyed ranked Congress second to last, behind only the criminal justice system.[28] Two of three adults agreed "Government is almost always wasteful and inefficient." The percentage of adults agreeing that "government is pretty much run by a few big interests looking out for themselves rather than for the benefit of all the people" rose from 29 percent in 1964 to 80 percent in 1992.[29]

Such cynicism is justified. A front-page story in a major daily newspaper reports, "Exaggerated earnings, disguised liabilities, off-budget shenanigans—they are all there in the government's ledgers on a scale even the biggest companies could not dream of matching."[30] A 2001 report from the federal General Accounting Office found $17 billion a year in taxpayers' money had simply disappeared without a trace. Some of this, perhaps, is due to incompetency, but much is due to corruption. Between 1975 and 1989, the number of officials indicted for corruption increased 1,211 percent.[31] Researchers have found that the *average* cost of government provision of goods and services is twice as much as private provision.[32] How much of this difference is due to corruption?

Besides outright corruption, corporations are accused of cutting prices to drive their competitors out of business ("predatory pricing"), misleading advertising, and unfair trading practices. These claims are actually more important than cases of outright corruption since they imply that capitalism itself is flawed. But these claims, too, are incorrect.

The *theory* of cutting prices to drive one's competitors out of business and then raising one's own prices makes sense, but it rarely, if ever, works in practice. Standard Oil, for example, was never able to raise its prices because of the threat of entry into the market by new companies and new products. The Standard Oil case is not exceptional. When a company attempts to engage in predatory pricing, its competitors match its price cuts, causing losses to be greater and longer-lasting than expected. The competitors may also step up their service to those who are being over-charged, reducing what the predatory pricer had hoped would be offsetting income. New competition emerges from companies that produce similar or substitute goods and services, making it impossible for the predatory pricer to raise his prices to their pre-cut levels.

What about misleading advertising? Many people still believe advertisers insert hidden messages in their ads to prompt us to buy their products, a claim first made in a famous book published in the 1950s titled *The Hidden Persuaders*. The claim sold many books, but it was never substantiated. According to Prof. Martin Block, chairman of integrated marketing communications at Northwestern University, "I would put subliminal advertising in exactly the same category as I would put Loch Ness monsters and alien abductions. … I don't think you could find anyone who has a serious position in advertising who would say they've ever done it or even know of a case."[33]

Do companies spend too much on advertising and not enough on ways to improve their products? Spending on advertising of all kinds is minuscule compared with the value of goods and services produced each year in the U.S.—about 1.5 percent. Like profits, the cost of advertising is small compared to the benefits consumers receive from learning about new products.

Other claims of corporate misconduct are just as easily rebutted. The fact is that corporations try to earn consistently high returns for their shareholders, and producing high-quality products that consumers are willing to buy is the only way they can do this. Consumers and investors are seldom fooled for long, and competitors are quick to expose a product's shortcomings. So long as government does its job—preventing the use of force or fraud—the system is self-enforcing and highly efficient.

Myth #2: Capitalism tends toward monopoly and concentration.

Many people seem to believe successful businesses in a capitalist system tend to grow over time until they dominate their industry, becoming monopolists. Would trusting businesses to run schools mean someday our children's education once again would be in the hands of a powerful and unaccountable monopoly?

There are no apparent "economies of scale," or benefits from being large, in schooling. Private schools tend to be smaller than government schools and yet produce better academic results and are more efficient. Management of private K-12 schools, even Catholic schools, is radically decentralized and would likely continue to be that way under a "privatized" system.

There has been no trend toward monopoly or concentration in the economy at large. The percentage of U.S. workers employed by corporations with 500 or more employees fell from 43 percent in 1979 to only 19 percent in 1998. The percent of workers in the U.S. employed by the 500 biggest companies in the country fell from 16 percent in 1980 to 11.3 percent in 1993; their sales as a percent of gross domestic product (GDP) fell by more than one-third during the same period.

If these numbers are surprising, it may be because mergers and acquisitions are "hyped" by the news media, but subsequent divestitures or spin-offs are ignored. About one-third of all acquisitions made during the 1960s and 1970s, for example, were subsequently divested in the takeover and buy-out movements of the 1980s and 1990s. At the same time, many new businesses were created, often too small to attract the attention of reporters.

Finally, while monopolies and oligopolies are much-discussed, both circumstances are rare and short-lived. The threat of entry by new competitors makes every market "contestable," preventing firms with large market shares from exercising market power. Competition often comes from the producers of new and better products, not merely copies of the product already being produced by the market leader.

Myth #3: Capitalism means "the rich get richer and the poor get poorer."

Capitalism's critics claim it causes social and economic inequality, as expressed by the slogan "the rich get richer and the poor get poorer." Universal free education is needed, they say, to overcome such inequality.

While capitalism allows unequal outcomes to emerge as the unintended consequences of voluntary choices, its *institutions* are democratic and rooted in the equal rights of all. By protecting everyone's freedom to own property, earn a living, and exchange goods and services with others, they serve as a powerful defense against the privileges and authority of a powerful few. Capitalism tends to distribute wealth according to each person's contribution to satisfying the needs of others, not by accidents of birth or access to political power.

Critics may say the democratic nature of capitalism is of little comfort to the poor, but here the data are clear: Capitalism helps the rich *and the poor* get richer. Consider these facts:

According to a standard measure of income inequality, called the Gini ratio, inequality in the U.S. fell by about a third between the 1870s and the 1970s.

According to W. Michael Cox and Richard Alm, "the proportion of poor in the U.S., measured by consumption, fell steadily from

31 percent in 1949 to 13 percent in 1965 and to 2 percent at the end of the 1980s."[34]

The official U.S. poverty rate (a measure of cash income rather than Cox and Alm's measure of consumption) declined from 13.8 percent in 1995 to 11.8 percent in 1999.

According to the Employment Policies Institute, "30 percent of all poor and near-poor families (i.e., up to twice the federal poverty level) in 1997 were no longer poor or near-poor by 1998. For families with incomes under the poverty level in 1997, nearly half had moved out of poverty by 1998."[35]

Capitalism, in short, benefits the poor as well as the rich.

Myth #4: Capitalism is inherently unstable. It caused the Great Depression!

Many Americans lost faith in capitalism during the Great Depression, a time when people who were willing and able to work could not find jobs. Basic needs and wants went unmet. Capitalism, to that generation, appears cyclical and unstable, while government is "always there" to help.

But the assertion that capitalism is prone to boom and bust cycles is, according to economist Murray Rothbard, "pure myth, resting not on proof but on simple faith."[36] The Great Depression was caused by disastrous government policies, not too little government interference. President Herbert Hoover, who is often blamed for causing the Great Depression, was an advocate of big government, first as Secretary of Commerce under President Warren G. Harding and then as President. President Franklin D. Roosevelt continued and expanded Hoover's misguided initiatives, launching ventures into centralized planning that crippled the nation's economy.

Milton Friedman and coauthor Anna Jacobson Schwartz documented several government actions that caused the Great Depression.[37] They include reducing the supply of money in 1931 and again in 1933; a major tax increase in June 1932; devaluing the dollar, which caused the final banking panic; and the national banking holiday declared by Roosevelt on March 6, 1933, which undermined public confidence so greatly that 5,000 banks did not reopen soon after the holiday expired, and 2,000 closed permanently.

Roosevelt's New Deal programs perpetuated the depression by imposing heavy tax and regulatory burdens on companies and discouraging individual and corporate initiatives. Economic recovery finally came with large increases in the money supply and large-scale orders for military supplies, starting in 1940, for World War II. The war helped lift the U.S. economy out of depression only because so many human and capital resources in the U.S. had been idled by the government's incompetent fiscal and monetary policies.

Myth #5: Corporations earn obscene profits at the expense of consumers and workers.

Many people oppose allowing private businesses to operate schools because they believe businesses routinely pocket huge sums of money as profits, leaving less available to actually produce quality goods and services. In reality, typical profits are very modest and far outweighed by the social benefits they bring.

Average annual corporate profits in the U.S., as reported earlier, ranged from below 6 percent of national income to no more than 9 percent from 1968 to 1998. After taking into account losses, interest that could have been earned simply by investing capital in "riskless" savings vehicles, and a reasonable salary for entrepreneurs, some economists say the total net profit in any given year is probably zero or even a net loss.

Leaving even windfall profits in the hands of those who win them creates an enormous public benefit. The hope of earning large profits, not just average profits, inspires countless acts of risk-taking and experimentation that otherwise would not occur. Confiscating those profits would mean many fewer new inventions, new products, and innovations in production and distribution processes.

If there are no legal barriers to entry into a business, and if laws against the use of force or fraud are being enforced, there is no reason to suppose profits are excessive. If they were, why were competitors not drawn into the industry by the prospects of similarly high profits? Why did their competition not drive prices back down to the cost of production and profits back down to zero or "average" levels?

Myth #6: Capitalism is anti-worker and anti-union.

Labor union propaganda portrays labor history in the U.S. as steady progress from the "exploitation" of unorganized workers by ruthless capitalists to a hard-won parity between unionized workers and their employers. Such histories draw liberally from the work of Karl Marx, English socialists such as Beatrice and Sidney Webb, and the fiction of Charles Dickens and Upton Sinclair.

Factual data about lifespans, consumption, output, and other measures of the quality of life during the early years of the industrial revolution in Britain and the U.S. contradict such accounts. Real per-capita income in Britain, for example, went from $1,756 in 1820 to $3,263 in 1870, during the very period when Marx and the Webbs were claiming capitalism was cheating the average worker. Workers in the U.S. experienced a similarly dramatic improvement in their condition.

The source of this improvement in living conditions, as Thomas Sowell writes, "was not the banning of sweatshop labor but the enormous increase in wealth-generating capacity that raised American workers to higher levels of prosperity over the years, while enabling consumers to buy their products around the world."[38]

Labor unions were formed by better-paid workers to keep the ill-paid and unemployed from entering their trades and driving down their wages. Union battles occurred (and still occur) between the over-paid and the under-paid, the skilled and the relatively unskilled. As Henry Hazlitt wrote, "For the pickets are really being used, not primarily against the employer, but against other workers. These other workers are willing to take the jobs that the old employees have vacated, and at the wages that the old employees now reject."[39]

Not surprisingly, the effect of unions largely has been to shift income from unskilled and lower-paid workers to better-paid skilled workers. Often, this has implicit and even explicit racial overtones, as when unions in northern states worked hard to prevent the entry of skilled African-American craftsmen into the workforce.

"All this does not mean that unions can serve no useful or legitimate function," wrote Hazlitt. In some cases it may be more efficient for an employer to work with representatives of his employees rather than attempt to negotiate with them individually. By electing coworkers as their representatives, union members are more likely to trust their spokespersons with details about working conditions and opportunities. Historically in the U.S., and still today in some circumstances, unions play important roles in demanding and implementing protection for the health and safety of their members.

Myth #7: Capitalism allows and rewards racism and segregation.

Endless propagandizing by the National Association for the Advancement of Colored People (NAACP), the American Civil Liberties Union (ACLU), and other civil rights organizations has left many people confused about the roles of capitalism and government in the civil rights movement. Many people believe capitalism *caused* slavery, and that government ended it. This is untrue.

Capitalism could not possibly be the cause of slavery, because slavery preceded capitalism as the dominant social order in virtually all parts of the world. Slavery was characteristic of the classical civilizations of Athens and Rome and is discussed and defended in much of their great literature. Slavery was practiced without regard to race in Europe, Africa, and Asia, and by Native Americans in North and South America.

Slavery was obviously at odds with the principles and demands of capitalism: self-ownership, freedom to trade, voluntary contracts, and equality. All of the important classical liberal writers, including Locke, Smith, Franklin, Jefferson, Madison, and Montesquieu, understood the universal application of their ideas and abhorred slavery. Their libertarian writings formed the basis for ending slavery in the U.S., even if the Founders themselves did not rise above the circumstances of their times.

If capitalism didn't cause slavery, what did? Slavery in the U.S. resulted from the myth of African-American racial inferiority written into law and enforced by governments. "Slavery was quintessentially about one person assuming, through brute force and the *legalized violence of his government*, absolute power and authority over another," writes Orlando Patterson (emphasis added).[40] "The slave was reduced in law and civic life to a nonperson."

Following the end of slavery in 1865, governments in the South implemented segregation by passing Jim Crow laws. Sociologist William Julius Wilson, describing the period before World War II, writes, "Except for the brief period of fluid race relations in the North from 1870 to 1890, the state was a major instrument of racial oppression."[41] This included school boards: In the years following the Civil War, according to economic historian Jeffrey Rogers Hummel, school boards in the South acted as "engines of racial exploitation in which the taxes of poor blacks helped pay for white education,"[42] a pattern some say continues to this day.

As official and unofficial discrimination faded, African-Americans returned to the path of economic empowerment they were forbidden to follow for the better part of a century. In 1995, the average African-American two-parent family earned 87 percent as much as the average Euro-American family, with most of the difference explained by the concentration of African-American households in relatively poorer Southern states. African- and Euro-American women now have nearly identical earnings. In 1998, the poverty rate for African-Americans fell to the lowest level since 1959, when the government began collecting data.

Briefly put

It is unfair to ask people to trust capitalism to educate their children if they believe even a few of the many myths about capitalism that are widespread today. In this chapter we tried to correct seven of the most popular and misleading of those myths.

Capitalism is not a "perfect" system, if by perfect we mean it satisfies every person's wants or conforms in every case with our hopes and expectations. No economy could meet such a test. But this chapter has shown capitalism is innocent of many of the most serious charges leveled against it.

Corporations do not earn enormous profits, cheat, lie, or steal, or tend toward monopoly or concentration. Capitalism has not hurt the poor, workers, or minorities. And the lesson of the Great Depression is not that capitalism is unreliable and government is "always there to help," but quite the opposite: Government interference in the institutions of capitalism can cause enormous pain and suffering for everyone.

SIX

Education and Capitalism

Now that we've defined capitalism and rebutted seven of the most common anti-capitalism myths, we can return to our focus on education. Are capitalism and education compatible? Can we trust capitalism to educate our children and our neighbors' children?

We begin with a brief history of capitalism and K-12 education in the U.S., to see how capitalism delivered high-quality schools in the past. Then we ask if competition and choice are appropriate in schooling, if parents are able to make informed choices, and whether private schools would have enough room for all the students who would seek to enroll in them. Finally, we address claims that a "privatized" school system would fail to teach important democratic lessons and would not provide quality schooling for children from poor families.

Two centuries of private schooling in America

Historically, schooling in the U.S. has been delivered by a combination of governments, markets, and churches and other civic institutions. During the first two centuries following the arrival of the first colonists, it was common practice for public funds to go to private schools in the form of land grants and direct subsidies.

The tradition began when the Massachusetts General Court (the legislature of the Massachusetts Bay Colony) passed two laws in the 1640s. The first law made all parents and ministers responsible for ensuring children could read the Bible and understand the principles of religion and the laws of the colony. Under the second law, towns of 50 or more families were required to create elementary schools.

Religion was eventually "privatized"—that is, separated from the state—but the separation of church and state did not lead to a similar separation of *school* and state. Thomas Jefferson and other prominent libertarian Founders believed citizens needed to be educated for democracy, and since churches ran most of the schools in the new nation, an accommodation was necessary. That the private schools were owned and managed by individuals, religious groups, or churches would not disqualify them from being considered "public" institutions when it came to such matters as funding.

The Founders' solution was partial public funding but private ownership and management of nearly all schools. Schools were founded and operated by nonprofit as well as for-profit organizations and derived most of their income from tuition. Public support was typically limited to tuition aid for the poor.

This system worked extremely well for more than two centuries. Historians and social philosophers, such as Alexis de Tocqueville, marveled at how well-educated Americans were at every social and economic level. Adult male literacy in 1795 is estimated to have been 90 percent, and between 91 and 97 percent in the North and 81 percent in the South in 1840.[43] These literacy rates are higher than today's, even though schools in that era operated almost entirely without government funding. Moreover, schools lacked many of the advantages of schools today, including much greater per-student spending, better nutrition and health care, more classroom time, and better-educated parents.

Unfortunately, this highly effective educational system came to an end in the second half of the nineteenth century. In 1837, the state of Massachusetts created a board of education whose first secretary, Horace Mann, was the nation's leading proponent of withholding funds from private schools and directing them instead to government-run schools. Mann's model for reform was the school system of Prussia—a nation without a democratic government and whose institutions of capitalism were much less advanced than those of the U.S.

Mann's model of centralized control and state-enforced uniformity of standards enhanced the status and salaries of teachers, who became an important force lobbying for adoption of the model across the country. Anti-Catholic sentiments led most states to amend their constitutions to restrict or prohibit government aid to private schools. By the end of the nineteenth century, the current arrangement of granting government schools a near-monopoly on public funding was in place in almost every state in the U.S. Two exceptions to this trend were Vermont and Maine, which to this day make government funds available to pay the tuition of students attending private schools (though not religious schools).

History reveals that for two centuries, America relied on capitalism instead of government to provide K-12 schooling. Schools during that period were generally privately operated and competed for students, though they often received some public subsidies. During that time, America was known throughout the world for the high level of literacy of its population.

Education, competition, and choice

If capitalism rather than government were relied on to provide a system of K-12 schools, schools would have to satisfy parents in order to stay in business. Competition and choice would reward administrators and teachers (and investors, if the schools are for-profit) who find the best ways to produce the outcomes parents want in the most efficient way possible. Schools that consistently produce poor academic results would find it more and more difficult to attract students or charge enough to cover their expenses.

Competition and choice are already working to deliver high-quality schools. As Melvin Borland and Roy Howsen have observed, "policies that promote or allow competition can be expected to result in higher levels of student achievement."[44]

Belfield and Levin, in their study of "accidental" competition among government schools in small districts, found the positive benefits include higher test scores, graduation rates, efficiency (outcomes per unit of per-student spending), and even teacher salaries, housing prices in the surrounding area, and adult wages. The difference was more pronounced for the very high poverty schools that reported having 75 percent or more of their enrollment eligible for free or subsidized school lunches.

Many professional educators refuse to believe competition works in education. Sixty-four percent of education professors responding to a 1997 Public Agenda survey said schools should avoid competition.[45]

They believe it is better to rely on intrinsic motivation than financial incentives to get educators to do their best.

The ability of intrinsic motivation to do great things is plainly on display in the work of Los Angeles math teacher Jaime Escalante or Chicago "miracle worker" Marva Collins. They produced tremendous results against seemingly impossible odds purely through strength of character and force of will. But it is high praise, not criticism, of such outstanding individuals to recognize their accomplishments are unlikely to be imitated by others. As James Toub has said, "it turns out that almost anything can work when instituted by a dedicated principal supported by committed teachers ... but any method that depends on a Jaime Escalante is no method at all."[46]

In the real world, most occupations vary compensation widely on the basis of hours worked and skill. Even professions that are highly demanding or creative, such as surgery and music, make extensive use of variations in income rather than intrinsic motivation to get the best work from practitioners. To excel in music, medicine, or sports requires long, disciplined practice, which some people will do simply for the love of the task, but many will not.

Parents can make informed choices

Some critics wonder if parents are smart enough, or sufficiently motivated, to choose schools for their children. Amitai Etzioni, a prominent sociologist, warned "there are dangers in the simplistic introduction of competition into areas of human services. In these areas the consumer's knowledge is usually limited; it is more difficult for parents to evaluate education than, say, a can of beans."[47]

No one claims choosing the best school for a child is as easy as choosing "a can of beans." But the need for information about complicated goods and services is not uncommon in the marketplace. It is routinely overcome by experience, producer reputations, guarantees and warranties, and personal and public sources of information.

When goods and services delivered by private-sector firms are expensive and difficult for consumers to evaluate, and when the consequences of poor choices are especially costly or pose a threat to health and safety (as in the cases of automobiles, housing, and health care), private mini-industries have emerged to provide consumers with reliable information, to rate and rank institutions, goods, and services, and to conduct safety and performance tests. We would expect the same thing to happen if schools were mostly private.

Under the current school system, only a small number of parents are able to choose (without financial penalty) the schools their children attend, and they often are not given the information they need to make fully informed decisions. But the failures of the current system ought not to be used to condemn moving to a new system where choices would be much less encumbered, and where demand for such information would be much stronger. Available evidence suggests parents, when allowed to choose, make the right choices for their children.

Private schools have enough room

In Chapter 2 we presented evidence that six of every 10 parents would choose private schools for their children if they were not forced to pay twice, once through school taxes and again through tuition at the schools they choose. Would the supply of private schools increase fast enough to keep pace with the rise in demand caused by a voucher program?

Vouchers would not increase the total amount of schooling demanded, but merely change the mix of government and private schooling. Resources, including facilities and personnel, would be released from the public sector in amounts roughly equal to their acquisition by the private sector. So long as public policies don't keep empty government schools open, there would be enough teachers and schools to continue to accommodate every child even if no new resources became available.

There is more good news. Private K-12 schooling constitutes a very small part of a marketplace that includes government and private pre-kindergarten and K-12 schools, technical and business training, and higher education. Therefore, even if they were to grow rapidly, private K-12 schools would be drawing from a much larger pool of human and capital resources. Consequently, we would expect to see little effect on wages or the cost of renting facilities.

Finally, approximately 200,000 new teachers enter the market every year, with a growing portion of them certified through alternatives to traditional teacher colleges. Breaking the teacher college monopoly on training and reducing the strength of unions in schools would greatly expand the number of persons entering the teaching profession, especially in such fields as computer science, mathematics, and science.

For all these reasons, we believe it is reasonable to predict the supply of private schools could expand quickly enough to absorb the new demand created by school vouchers.

Teaching democratic values

Paul Hill, Lawrence Pierce, and James Guthrie claim vouchers would allow private schools and parents to neglect the "broader community standards" necessary for a democratic society.[48] In fact, it is the current system that does a poor job teaching democratic values.

According to a 1998 assessment of fourth, eighth, and twelfth-grade students conducted by the National Assessment of Educational Progress, just one in four U.S. students ranked "proficient" or "advanced" in their civic understanding. More than half of African-American students scored "below basic," meaning they were unable to answer correctly even simple questions about the organization of government, the U.S. Constitution, and the role of citizens in a democracy.

By contrast, students attending private schools score consider- ably higher on civics exams, and they are more likely to participate in community service. Students who attend schools of choice via private scholarship or public voucher programs score higher than their government school peers on several measures of tolerance and civic-mindedness.

Those who believe government-run schools are necessary to teach democratic values overlook the role of schools as valuable institutions of pluralism. Schools, like churches and newspapers, are mediating institutions able to perform their vital tasks only if they are free to criticize elected officials and popular ideas without fear of reprisal. Government school administrators and employees are hardly in that position.

Government control over most or all of the schools in a free society undermines the independence of its citizens and the mediating institutions that help create and protect democracy. John Stuart Mill pointed out the danger more than a hundred years ago:

A general state education is a mere contrivance for molding people to be exactly like one another; and as the mold in which it casts them is that which pleases the predominant power in the government ... it establishes a despotism over the mind, leading by natural tendency to one over the body.[49]

Who would educate the poor?

Educators have been particularly skeptical of the idea that private schools would serve the needy. Paul T. Hill and his colleagues write, "What profit-seeking entrepreneur could be confident of staying solvent running a school in an area burdened by violence, strikes, ill health, and family instability? What investor would choose to build a school in a core urban area when he might collect a similar amount per pupil in a far less stressed suburb?"[50]

This hand-wringing over the fate of the poor is wrong on many counts. Competition and consumer choice mean entrepreneurs could expect to earn the same long-term profit providing low-cost schooling for low tuition as they would providing high-cost schooling for high tuition. It is easy, but wrong, to assume the producer of a high-priced commodity earns greater profits than the producer of a lower-priced commodity.

Moreover, if schooling were entirely privatized, governments would no longer need to raise some $364 billion a year in taxes to finance schools. Cutting taxes would enable many more lower- and middle-income families to pay tuition at private schools. Such a large tax cut would also stimulate a major increase in charitable giving, much of it probably directed to schools for children from low-income families.

Critics of market-based education also assume private schools would spend as much as government schools today, making them unaffordable for many families. But private schools today spend only about half as much on average as government schools, despite having to bid against government schools for teachers and other expensive inputs. In a privatized system it is likely that many schools would spend less than government schools now spend, meaning more low- and middle-income families could afford to pay tuition.

A fourth error is to assume there would be only for-profit schools competing for students. Many religious and not-for-profit schools would continue to pursue their philanthropic missions by keeping their doors open to children from poor families. The existence of a vast not-for-profit sector in the U.S.—foundations alone reported assets of $448 billion in 1999—is testimony to the fact that billions of dollars a year in "business" is conducted by entities whose mission is other than profits.

Finally, few advocates of capitalism call for ending government's role in schooling entirely. A broad consensus exists for maintaining a "safety net" of welfare programs for individuals who are unable to provide for themselves or their children. School vouchers are one way this could be done.

Briefly put

The history of education and capitalism suggests capitalism can indeed provide a high-quality K-12 school system, *without* government operating most of the schools. Competition and choice are just as appropriate and necessary in the production and operation of schools as other goods and services. In fact, even in the current system, where competition and choice are severely limited, schools are better in areas where even a modest amount of competition is allowed to take place.

A competitive education system would advance the genuine democratic values many of capitalism's critics celebrate with words, but whose existence in private-sector schools they seem to ignore or denigrate. Objections based on the fate of the poor reflect outmoded ideological reflexes readily addressed by observing how markets and privatization work in the real world.

SEVEN

How to Design Voucher Programs

A voucher program, John Chubb and Terry Moe have written, "is a self-contained reform with its own rationale and justification. It has the capacity *all by itself* to bring about the kind of transformation that, for years, reformers have been seeking to engineer in myriad other ways."[51] [emphasis in the original]

Publicly funded voucher programs have operated for more than a century in the states of Vermont and Maine, allowing more than 12,000 students to attend private schools each year. The programs are popular and academically successful. Pilot voucher programs in Milwaukee and Cleveland enroll approximately 17,000 students, once again with favorable academic results and satisfied parents. A similar program targeting low-income preschoolers in New Orleans could enroll up to 1,400 students. That program may be postponed due to a legal challenge filed by the American Civil Liberties Union.

Florida has enacted legislation that gives vouchers to students at poorly achieving government schools so they can attend school elsewhere. The threat of competition and choice was so effective that every government school in the state avoided a score of "F" in the year 2000 school report cards, since such a score would have triggered voucher eligibility. Several hundred families are eligible to participate in the program, and thousands of families will become eligible as standards for public schools are gradually increased in coming years.[52] A separate Florida program, the McKay Scholarship Program for Students with Disabilities, offers vouchers worth between $5,000 and $17,000 up to the amount of a school's tuition. Some 4,000 children are expected to use the vouchers in 2002-2003.

As these examples show, voucher programs can be implemented in many different ways. This chapter does not attempt to describe the "perfect voucher plan," since such a thing almost certainly does not exist. States and communities will arrive at different conclusions about how best to finance their schools. Here, we present only general advice on some of the principal elements of every voucher plan. Legislation and model bills mentioned in this discussion can be found on the Internet in The Heartland Institute's Education issue suite at www.heartland.org.

Phase-in and incrementalism

Two compromises commonly made by voucher proponents are agreeing to *phase in* an ambitious voucher plan over several years, or adopting a plan *incrementally*, starting with plans that might benefit only small numbers of students or limit participation to only some kinds of schools, and following up with legislation to expand the programs.

Almost all voucher proposals contain phase-in provisions, usually ranging from two to 10 years. Phase-in provisions may specify that eligibility is restricted at first to low-income students, students in a particular city or school district, or students attending failing government schools. Or they may require that the size of the voucher be small at first and then increase gradually. A plan may be phased in by limiting eligibility to one or two grade levels in the first year, adding one or two grades each year.

Incrementalism, by contrast, consists of seeking passage of very limited plans with no provisions for later expansion. Supporters of choice would introduce *new* legislation at a future date to expand the program. They expect the limited program to create the informed awareness and support needed for passage of more ambitious programs. Examples of incrementalism include the Milwaukee, Cleveland, and Florida voucher programs.

Most choice advocates accept income or geographic restrictions on which families can participate as necessary in the early stages of a phased-in choice program. But they oppose "supply-side" limitations, such as prohibitions on the participation of religious and for-profit schools. Most successful private schools in the U.S. today are religiously affiliated, and the presence of for-profit schools stimulates the development of efficient management practices in education, helping to hold down or even reduce costs to taxpayers. The number and variety of new schools in a choice plan would be enhanced by the participation of for-profit schools.

Value of vouchers

Setting vouchers at or slightly below current government school spending levels would provide complete financial relief for most parents who choose private schools, encourage most existing private schools to participate in the voucher program, encourage new schools to be started, and place great pressure on government schools to improve. Vouchers for middle- and high-school students could be set higher than for elementary students, reflecting higher spending and tuition by government and private middle and high schools.

To avoid increasing taxes or reducing government school per-pupil spending, some voucher proposals set a lower voucher amount for private schools and either do not require government schools to participate in the program or else set the government schools' vouchers equal to their current average per-pupil spending. This can be called a two-tier approach, since government and private schools are treated differently.

The special treatment given to government schools under the two-tier approach can be justified by pointing to special burdens government schools must bear, such as collective bargaining agreements with their staffs and regulation and interference by school boards and agencies of state government. Since private schools currently spend about half as much per pupil as do government schools, their lower vouchers may still be sufficient to cover tuition. Of course, a two-tier voucher program delivers less financial relief to parents who choose high-spending private schools, would encourage fewer new schools to be started, and would place less competitive pressure on government schools to improve.

Some voucher proposals set a higher voucher value for low-income students than for other students. Such special treatment may be justified because low-income students are the worst-served by government schools, live in communities where the cost of delivering a high-quality education may be high, and may be more likely to have learning disabilities or other problems that make their education more expensive.

Tuition add-ons

Closely related to the issue of how much a voucher should be worth is whether participating schools should be allowed to charge more than the value of the vouchers. The less school vouchers are worth, the greater is the need to allow tuition add-ons.

Opponents of vouchers, and some proponents as well, oppose tuition add-ons for fear they would worsen socioeconomic stratification and racial segregation in education. Such fears may be sincere, but they seem to be misplaced. Private schools can be expected to compete for children regardless of their race, ethnicity, or religion, and a properly designed voucher program would encourage them to compete on price as well as quality. Private schools in most parts of the country are not characterized by ethnic or social segregation. Many already educate large numbers of low-income and minority students. By some measures, government schools in major cities are more segregated than private schools.[53]

If parents are not allowed to add to their vouchers, some schools would choose not to participate in the voucher program. Whether this is a large or small number of schools depends on how high the voucher value is, but it necessarily leads to fewer options for parents, less competition among schools, and less accountability to parents. Tuition add-ons may also have the advantage of evoking greater parental involvement in and commitment to their children's education.

Funding sources

In most states today, approximately half the money allocated for elementary and secondary education is appropriated at the state level. These funds are allocated according to complicated formulas that seek to "equalize" funding among school districts with different tax-raising abilities. Voucher planners must consider whether to "voucherize" both state and local funds or just one funding source, and whether to propose reforming the current mix of state and local funding.

Current school funding patterns are the result of many years of negotiation among powerful constituencies over what the law requires, how much is spent, and who should pay school taxes. The political support for current funding arrangements can be very strong, which argues for letting sleeping dogs lie.

Some voucher advocates are leery of centralizing funding in the hands of state governments, since teacher unions and education bureaucracies are often best organized to exert pressure in state capitols. Taxpayers are rightly skeptical of proposals to "swap" higher state taxes for property tax relief, since such schemes usually leave taxpayers paying more. Shifting responsibility for funding schools from local to state governments can also have the effect of punishing communities that tolerate nuisances, such as nuclear power plants or landfills, in return for the tax revenues they generate.

The question of whether federal funds can be included in the voucher will probably be decided by the U.S. Secretary of Education or Congress. If an attempt is made to include federal funds, the voucher plan is likely to end up in the federal courts. The strong inclination of federal courts, including the U.S. Supreme Court, to apply burdensome regulations to any institutional recipient of federal aid, however indirect, may argue against inclusion of federal funds.

Education Savings Accounts

Vouchers could lead to tuition inflation, as private schools that previously spent and charged less than the amount of the voucher might increase their spending and tuition up to the maximum amount allowed. Since parents would be insulated from the true cost of the schooling their children receive, they would not be price-conscious shoppers, and an important element of the market model would be missing.

To address that concern, voucher proposals should provide for Education Savings Accounts (ESAs): personal savings accounts, established in the name of each qualified student, into which parents can deposit the difference between the voucher value and the actual tuition charged. If a voucher were worth $7,000, for example, and a parent chose a school charging $6,000, the $1,000 difference would be deposited in the student's ESA.

Withdrawals from the ESA would be permitted only for tuition, tutoring, and other educational expenses for the student, until the student reaches a certain age (21 or 23 is often suggested), when anything left in the account would revert to taxpayers.

Individual savings accounts are a tested and popular approach to empowering consumers. Millions of adults use Individual Retirement Accounts (IRAs) to save for their retirement, and tens of thousands of people qualify for Medical Savings Accounts (MSAs), into which employers make regular deposits and from which employees can pay medical bills. Money in these accounts accumulates tax-free.

Education Savings Accounts could be the key to making the voucher concept more popular among suburban parents who think their government schools are high quality but impose too great a tax burden. Per-pupil spending for suburban high schools often exceeds $12,000, more than even relatively expensive private schools typically charge for tuition. Many parents would be tempted to enroll their children in a private school charging, say, $8,000, and place the remaining $4,000 in the student's ESA to be used for college tuition.

Fiscal impact

Voucher programs have been designed that would increase taxpayers' costs, be "revenue-neutral," and produce tax relief. Calculating the exact cost of a voucher program is precarious business since it depends on the design of the program, including restrictions and obligations of students and schools, how many parents would use the program to move their children, and the nature and cost of new schools that would emerge. Nevertheless, estimates often are required before political approval can be secured.

Consider a theoretical voucher program for the city of Chicago. What would happen to total spending if vouchers worth an average of $5,000—enough to cover 100 percent of the cost of tuition at the average private school—were offered?

If all 126,000 pupils now attending private schools in Chicago accepted the voucher, and if the number of students choosing private schools doubled, then 252,000 students would be eligible for vouchers:

 # students: 126,000 x 2 = 252,000
The cost of issuing the vouchers would be $1.26 billion:
cost of vouchers: 252,000 x $5,000 = $1.26 billion

The annual budget of the Chicago Public Schools (CPS) in 2001-2002 was $4.38 billion, and enrollment was 437,618, for per-pupil spending of about $10,000. If 126,000 students switched to private schools, the CPS would save $1.26 billion:

annual cost avoided: 126,000 x $10,000 = $1.26 billion

Subtracting the avoided costs from the cost of the vouchers reveals the program would cost taxpayers absolutely nothing:

net cost: $1.26 billion - $1.26 billion = $0

Actually, this hypothetical voucher program would probably *save* taxpayers millions of dollars a year because it assumes 100 percent of students currently enrolled in private schools would choose to use vouchers. Other entitlement programs typically enroll around 80 percent of those eligible. If the parents of 20 percent of students attending private schools chose not to use vouchers, taxpayers would save $252 million a year:

taxpayers' savings: 50,400 x $5,000 = $252 million

The value of the voucher could be increased, to take into account the higher tuition of secular (nonreligious) schools, and the estimate run again. Any net cost could be spread out over several years by phasing in the program, or financed by a one- or two-year freeze on per-pupil spending by government schools.

Testing and vouchers
Calls for academic standards are often mixed with calls for top-down "accountability" systems—by which proponents mean allowing government to produce the tests and interfere in the operation of schools

whose students fail to show acceptable levels of progress. This has led to strong opposition from educators, as well as from pro-family groups leery of outcomes-based education and the intrusion of "political correctness" into the schools.

Choice provides an answer to this objection. "Choice-based systems can make it easier to judge school performance," writes Frederick Hess, "by decentralizing the task and then requiring only that families judge the quality of the schools they use. Under choice, so long as provision is made to collect and distribute information on school performance, parents and students will theoretically punish schools that do not perform adequately by taking their business elsewhere."[54]

The type of test that would work best with a voucher system is called a curriculum-based external examination, or CBEE. Such exams measure what is actually taught in school. They are produced and administered by persons outside, or external to, the school and the school district in order to protect teachers and administrators from the conflicts of interest inherent in having simultaneously to set standards, measure performance, and take responsibility for the results. Examples of such tests include the Advanced Placement Exams and the New York Regent's Exams.

Curriculum-based external examinations should be created by for-profit and not-for-profit companies, not government agencies. In a competitive marketplace for testing services, companies that lower standards or change their tests too frequently would rapidly lose their credibility and market shares.

Curriculum-based external examinations create the information and incentives needed by students, parents, teachers, and administrators to make decisions that promote academic achievement. School choice would create an environment that rewards decisions that promote achievement and penalizes decisions that lower achievement. Together, CBEEs and school choice provide a promising solution to the problem of school failure.

Avoiding new regulations

Voucher proponents and opponents alike increasingly agree excessive regulation and nonacademic mandates hurt the quality of government schools. Voucher programs should be designed to ensure private schools retain their authority over curriculum; textbook selection; admissions, retention, and disciplinary policies; and personnel policies, including employment contracts. Private schools should continue to be exempt from statutes that guarantee teacher tenure and contract renewal, and that restrict transfers and demotions.

Four specific actions can be taken to reduce the threat of increased regulation of private schools. The first and most likely to succeed is constitutional language stating the right of private schools to autonomy. Several proposed constitutional amendments establishing voucher programs "freeze" the regulatory requirements to those in effect at a certain date, and then require a super-majority vote of state legislators to pass new rules.

Second, voucher legislation can be written to give the opponents of regulation the resources and legal status they need to protect school autonomy. The 1996 California Educational Freedom Amendment is a good example of a voucher initiative containing such language.

A third way is to require that any government body with regulatory powers over participating private schools have a membership equally balanced between government and private school interests. This is accomplished, for example, by provisions in the Missouri Educard and Louisiana Right-to-Learn proposals.

A final means to limit regulation is to combine with the voucher plan an initiative to deregulate government schools. Voucher plan critics say lightly regulated private schools would enjoy an unfair competitive advantage over government schools, which shoulder many regulations in return for their public funding. The solution is not adherence to a status quo that is demonstrably failing, but to deregulate the government schools.

Homeschoolers

Homeschooling is a proven effective alternative for more than a million children. As a matter of fairness, homeschoolers are just as entitled to financial relief as parents who choose other kinds of private schooling. Distinctions are difficult to draw between a tiny school with innovative policies and a group of homeschooling families who cooperate on science projects, field trips, and other activities.

Those who oppose giving vouchers to home educators stress two reservations: that some parents will abuse the program by using the voucher to pay for expenses unrelated to schooling—perhaps even drugs or alcohol—and that the children's best interests may not be served if their achievement and progress (or special needs and handicaps) cannot be evaluated by people outside the family. The fear in the latter case, reinforced by media coverage of families who seek to withhold medical treatment for their children on religious grounds, is that beneficial or needed intervention by the state is less likely to take place when children are educated in the home, rather than in formal schools.

Those fears are generally unwarranted, as state and/or local government authorities have been granted sufficient authority (in some cases, excessive authority) to prevent such abuses. However, the provision of vouchers to homeschoolers may increase the potential for fraud, since parents, rather than school institutions, will be receiving cash reimbursements. As a result, stricter provisions for expenditure oversight may be warranted, but in no case are stricter educational performance criteria warranted.

Some homeschoolers are fiercely independent and seek to avoid any undue government interference. As a result, they would prefer not to accept vouchers, and some even oppose voucher legislation out of fear it would lead to greater public scrutiny of homeschooling and more regulation. Attempting to include benefits for homeschoolers in voucher legislation can backfire, as it did in Oregon, where homeschoolers opposed a tuition tax credit proposal because of threats by government school officials to increase regulation of homeschooling if the initiative passed.

It may be possible to address the concerns of homeschoolers in the provisions for deregulation. A voucher bill introduced in 1987 in Montana, for example, provided, "Home schooling of children is a parental right. Home schools may not be subject to regulation by the state or any of its political subdivisions." Of course, including such provisions in a voucher plan is likely to reinforce the opposition of those opposed to homeschooling.

Administration and voucher redemption

A school voucher plan needs administrative procedures and guidelines for voucher redemption. A neutral, independent oversight authority should be created for this purpose. While input from the education establishment will be needed for these policies to be drawn correctly, it is not necessary or desirable that professional education administrators have majority representa- tion on this authority. Competent business and civic leaders can be chosen by the governor or the legislature. Specifications for how this authority is to be appointed and what its membership and powers are to be should be included in the legislation introduced or the proposal being made.

To prevent conflicts of interest between government and private schools, a nonschool official, such as the state treasurer or county treasurer/revenue collector, should be empowered to redeem vouchers. The Missouri Educard Bill and The Heartland Plan for Illinois, both of which are available on The Heartland Institute's Web site at www.heartland.org, offer such provisions.

No doubt some voucher opponents will predict chaos and an "administrative nightmare" even before administrative procedures and redemption policies are discussed. Voucher proponents can defend their program as administratively much simpler than the current regulatory maze. Concerns over whether school administrators will know how many students will be enrolled soon enough to draft budgets can be addressed by observing private and government schools already face that problem every Fall.

Briefly put

In this chapter we described some of the choices faced by voucher proponents: Should they try to adopt a voucher program all at once, or incrementally through a series of smaller legislative steps? Set the value of the voucher high, to attract quality schools and spur real competition, or set the value low to minimize the cost of extending tax support to parents whose children are already in private schools? Many similar questions can be answered only by those who show up when voucher legislation is being drafted.

No two communities will answer every design question the same way. This is not a weakness of vouchers, but one of their strengths: Vouchers are a versatile tool for reform advocates of every ideological shade. Conservatives, liberals, populists, and libertarians can all see in vouchers a way to achieve some of their goals and objectives. What these competing ideologies have in common is a desire to empower individuals to improve their lives and the future of their children. Vouchers accomplish this.

Questions and Answers

By this time, having read about the failure of the current government school system, the promise of vouchers, and the main features of good voucher programs, you probably have a variety of questions about how vouchers would work or why they should be designed in certain ways. We can't anticipate every question, but we've assembled here nine frequently asked questions and brief answers. For more information, we urge you to consult with the groups listed at the end of this book.

1. Do vouchers force government schools to reduce their spending?

Vouchers would reduce total spending by government schools, but not their *per-student* spending. Vouchers mean "the money follows the student." Schools that lose enrollment would lose only the funding that would have gone to support the student who chooses to switch. Since voucher values are often set below current government school spending levels, government schools may be left with *more*, not less, to spend on each student who remains enrolled.

2. Can government schools really cut their spending as fast as their enrollments fall?

Critics say government schools cannot reduce their spending in pace with their loss of students. The argument is spurious. Government schools don't seem to have any problem *increasing* their spending in pace with enrollment.

The cost of educating one more child (what economists call the "marginal" cost) is more or less than the average cost of educating all the children in the school, but all businesses face similar differences and it does not prevent them from reducing their spending when sales fall. Schools, like other businesses, have many ways to reduce spending: Underutilized teachers can be replaced with part-time staff, administrators can be reassigned to classroom duty, elective courses that attract few students can be dropped (or contracted out to teachers in private practice), class sizes can be altered, discretionary spending can be reduced, pay increases can be delayed, and the list goes on.

3. Do we really need more student testing?

Reliable and meaningful information about school performance is difficult to obtain today. The SAT and ACT tests are taken by too few students to assess how most students at various grades are achieving. If we want to make parents responsible for choosing schools for their children, we need to ensure they have the information they need to choose wisely.

It is likely private-sector sources of information would emerge once a voucher program is in place, making government's involvement in this aspect of the K-12 marketplace less necessary. But many voucher skeptics doubt this would occur quickly enough or that the tests would be reliable. To counter this doubt, most voucher plans include some testing requirements.

4. Can voucher bills prevent new regulations on private schools?

Yes. Voucher bills can contain language that would give private schools greater protection from excessive regulation than they have now by requiring strict judicial scrutiny and, typically, a two-thirds vote of elected officials before new regulations can be adopted.

Because many of the participating schools would be religious schools, attempts by the state to impose onerous regulations would violate the U.S. Supreme Court's prohibition, in *Lemon v. Kurtzman*, against "excessive entanglement" of church and state. Scholarships used by students attending lightly regulated schools do not pose a risk of "entanglement," but the imposition of new regulations on participating schools would.

Finally, enactment of voucher legislation would immeasurably strengthen the standing of parents, churches, for-profit schools, and civic organizations—the coalition that could effectively fight to preserve the independence of private schools. The standing of teacher unions and government school administrators—the interest groups most responsible for the imposition of regulations and mandates on schools—would be sharply reduced.

5. How do you measure the number of eligible students in a district?

Many students attend private schools outside the district in which they live, so simply asking private schools to report their enrollment to a district school board will not produce an accurate count. Therefore, voucher bills should specify that students and their guardians must apply for vouchers at the start of each school year, just as they currently register for admission to their local government schools.

If a voucher program is phased in over seven years, and if private school students currently make up about 12 percent of total enrollment, the number of students in question in most districts will be less than 2 percent of current K-12 enrollment. This variation is much smaller than what city school districts with highly mobile populations, or fast-growing suburban school districts, commonly experience each year.

6. Would participating schools be required to accept special-education students?

Voucher programs do not have to significantly change special-education funding arrangements. First, students with special-education needs who currently attend private schools already qualify for special services paid for by the government school district. Sometimes this involves students spending part of the school day in a government school. Under most voucher plans, this same cooperative arrangement could exist.

Second, under current policy, no schools (including government schools) are required to admit or provide special services to accommodate handicapped or learning-disabled students. Instead, each school *district* is required to make the special services available. Often, this involves investing in special facilities or staff at one or more schools in the district, not every school. Under a voucher plan, once again, the same cooperative arrangements would be made.

7. What will happen to government schools and school boards?

Currently, local school boards both raise and spend the taxes used to support government schools. The most important principle of privatization is that one organization or agency should not hold both these responsibilities. By splitting them, the entity that raises the money has strong incentives to get the most value per dollar possible, even if it means choosing a private contractor or ending a service altogether.

One voucher bill—The Heartland Plan for Illinois—would require local school boards to divide themselves into two independent and elected entities: the Government School Board and the School Tax Board. The former would be responsible for managing the local government schools and would have no taxing authority. The latter would have taxing authority but would not be responsible for managing the local government schools. No person would be allowed to serve simultaneously on both Boards.

Under such an arrangement, the Government School Board could genuinely represent the interests of students, teachers, and administrators at the local government schools. The School Tax Board could genuinely represent the interests of taxpayers, who seek the best quality education at the lowest price for the district's students.

8. What happens to the voucher if a student graduates early?

Graduation requirements are set by the number of academic units a student completes, not by how long the student attends school. Students who graduate early, then, arguably do not save their districts any money, since they've taken as many courses as those who take longer to meet the graduation requirements. Therefore, students who graduate a year early would not receive a voucher for the "missing" year.

9. If a child's family leaves the state, could they use any money that might be left in the education savings account?

No. Education taxes are paid to educate the children of residents, not of nonresidents. Allowing tax dollars to follow a child out of state would open the system up to abuse when people take up temporary residence in communities to qualify for aid, then relocate after thousands of dollars have been deposited into their accounts. It is more difficult for the state to monitor education spending when it occurs outside the state, making corruption more likely.

Conclusion

Under a voucher plan, government would continue to finance schooling, but private businesses and not-for-profit organizations would compete for government and private funds in a competitive education industry. Vouchers would allow parents to choose, without financial penalties, the schools their children attend. No other reform addresses so many of the causes of government school failure.

When Milton Friedman and other pioneers of the school voucher movement advocated school vouchers in the early 1960s, they were met with skepticism and disbelief. Friedman's *Capitalism and Freedom*, for example, was not reviewed by a single major national publication in the 18 years after its publication.

Today, however, vouchers are at the epicenter of the national school reform movement. Many eyes are on Milwaukee, Cleveland, Maine, Vermont, and Florida, home to voucher programs allowing some 28,000 children to attend private schools at public expense. The U.S. Supreme Court's ruling in June 2002 that vouchers are constitutional has removed any lingering doubt about the reform's legality.

Support for school vouchers is growing in nearly every part of the country and every group with an interest in the education of the nation's children. Parents support vouchers because they know their own children's special educational needs and talents better than any government school administrator possibly could. Parents know vouchers would put them in charge of their children's education, making educators and school administrators more responsive to their advice and concerns.

Educators support vouchers because they know the country is facing a genuine crisis in educational achievement that government schools are unable or unwilling to address. Too many of today's government schools are simply failing to prepare children for fulfilling and productive lives. Many teachers support vouchers because they know they will be treated as professionals in schools that compete for students. Teachers also know parents who choose the schools their children attend are likely to be more active participants in their children's education.

Civil libertarians support vouchers as a way to respect religious and cultural values that are often lost in the "one size fits all" government school system. Minorities and the poor, fed up with four decades of excuses (and counting), see vouchers as their ticket out of a school system that puts its own interests above those of the children it is supposed to serve. For them, vouchers are the next step in the civil rights movement.

Also joining the voucher movement are taxpayers, many of whom are tired of shouldering the growing expense of schools that are doing only a mediocre or poor job. Business leaders, too, support school vouchers as a way to prompt schools to finally produce graduates with the skills they need to compete in a global market.

In this book we have tried to show how relying more on capitalism and less on government would improve America's K-12 schools. We have focused on economic arguments because we believe these have become the last defense of voucher opponents. Voucher opponents know the general public does not understand capitalism and is unfamiliar with its history. Few Americans understand how a voucher program would actually work to address concerns about regulation, equity, and cost to taxpayers.

In Chapter 4 we explained how capitalism is an economy organized by *freedom* rather than by authority. Its key institutions are private property, markets, and the Rule of Law. Capitalism works best when government's role is limited to defending the nation, protecting property, and facilitating markets. Government should not deliver goods and services monopolistically or in competition with private businesses.

Opponents of vouchers rely on myths about capitalism to turn people against the private sector, competition, and choice. So in Chapter 5 we debunked seven of the most common myths, and described how capitalism historically provided us with the best education system in the world. Over-reliance on government, on the other hand, has led to U.S. students ranking last or near last in international academic competitions.

In Chapter 6 we showed how returning to a system of private schools and partial public funding would restore the nation's K-12 education system to world stature. For two centuries we relied on capitalism, not government, to educate generations of American students, and the results were spectacular. Competition and choice work as well in education as they do in every other part of our society. Private schools can be trusted to teach democratic values and provide high-quality learning environments for everyone, whether rich or poor.

The most promising way to move schooling back to the private enterprise system is school vouchers. School vouchers would create a competitive education industry by breaking the government school monopoly on tax funding of education, ending an era in which interest groups used their control over the schools to benefit themselves rather than prepare children to lead productive and fulfilling lives.

School voucher plans will vary widely in their details. In Chapters 7 and 8 we provided advice on how to design effective voucher plans. School voucher programs need to be carefully written to ensure they can pass a variety of legal challenges, and there are many decisions activists and legislators must make, such as how quickly to phase in the voucher plan, how much the vouchers should be worth, whether parents should be allowed to add on to the voucher, and so on. People of good will can disagree on these matters, but such disagreements should not stand in the way of designing plans that benefit every child.

Restoring the proper relationship between capitalism and education would rescue millions of school children from unsafe and dysfunctional schools. It would ameliorate our most pressing social problems, such as crime, poverty, and racism. By increasing the skills and knowledge of a large part of the population who are now poorly served by government schools, school choice and competition would accelerate economic development and bring the blessings of prosperity to many more families.

With so much at stake, there is no cause more urgent or important than school vouchers. And there is no better time to start spreading the word to friends, neighbors, and elected officials than right now.

School Reform Organizations

American Legislative Exchange Council
1129 20th Street NW #500, Washington DC 20036
Phone 202/466-3800, fax 202/466-3801

American Education Reform Foundation
2025 North Summit #103, Milwaukee WI 53202
Phone 414/319-9160, fax 414/765-0220

Black Alliance for Educational Options
501 C Street NE #3, Washington, DC 20002
Phone 202/544-9870, fax 202/544-7680

Cato Institute
1000 Massachusetts Avenue NW, Washington, DC 20001
Phone 202/842-0200, fax 202/842-3490

Children First America
P.O. Box 29928, Austin, TX 78755
Phone 512/345-1083, fax 512/345-1280

Citizens for Educational Freedom
9333 Clayton Road, St. Louis, MO 63124
Phone 314/997-6361, fax 314/997-6321

Education Consumers Clearinghouse
P.O. Box 4411, Johnson City, TN 37602
Phone 423/282-6832, fax 423/282-6832

Education Policy Institute
4401-A Connecticut Avenue NW, Washington, DC 20008
Phone 202/244-7535, fax 202/244-7584

Milton and Rose Friedman Foundation
One American Square #1750, Indianapolis, IN 46282
Phone 317/681-0745, fax 317/681-0945

Harvard University Program on Education Policy and Governance
79 J.F. Kennedy Street #T308, Cambridge, MA 02138
Phone 617/495-7976, fax 617/496-4428

The Heartland Institute
19 South LaSalle Street #903, Chicago, IL 60603
Phone 312/377-4000, fax 312/377-5000

The Heritage Foundation
214 Massachusetts Avenue NE, Washington, DC 20002
Phone 202/546-4400, fax 202/546-8328

The Hoover Institution
Stanford University
Stanford, CA 94305-6010
Phone 650/723-1754, fax 650/723-1687

Institute for Justice
1717 Pennsylvania Avenue NW #200, Washington, DC 20006
Phone 202/955-1300, fax 202/955-1329

The Manhattan Institute
52 Vanderbilt Avenue - Second Floor, New York, NY 10017
Phone 212/599-7000, fax 212/599-3494

¡Pongamos a los

Padres

Nuevamente a Cargo!

*Cómo los vales
pueden hacer grandes
las escuelas de América*

Joseph L. Bast
Herbert J. Walberg

The Heartland Institute
Chicago, Illinois

Acerca de los pies de página
Para conservar el espacio en esta edición condensada,
los textos de pie de página han sido suprimidos.
Si usted desea una copia gratis de estas notas,
por favor envíe un sobre dirigido y sellado a:

Footnotes (Pies de página)
The Heartland Institute
19 South LaSalle Street #903
Chicago, IL 60603

Pedidos por correo y compras al por mayor: 312/377-4000

The Heartland Institute
19 South LaSalle Street #903
Chicago, IL 60603

Impreso en los Estados Unidos de América.
ISBN 0-9632027-8-2

Contenido

Sobre los Autores

Joseph L. Bast es el presidente del Instituto Heartland, una organización de investigación no lucrativa con sede en Chicago, Illinois. Desde 1984, él ha trabajado con muchos economistas para hacer sus ideas comprensibles para otras personas distintas a los economistas mismos. Él ha sido coautor y ha editado casi 100 estudios de política y nueve libros. El Señor Bast fue editor fundador de *Intellectual Ammunition*, una revista sobre asuntos de política pública, y cuatro publicaciones mensuales: *School Reform News*, *Environment & Climate News*, *Health Care News*, y *Budget & Tax News*.

Herbert J Walberg es Socio Visitante Distinguido del Instituto Hoover de la Universidad de Stanford y miembro de su Destacamento de Fuerzas Koret K-12. Obtuvo un grado de Doctor en psicología educativa de la Universidad de Chicago y ha enseñado durante 35 años en la Universidad de Harvard y la Universidad de Illinois en Chicago. El profesor Walberg es socio de varias organizaciones académicas, como la Asociación Americana para el Avance de la Ciencia, la Asociación Psicológica Americana, y la Sociedad Estadística Real.

Un Llamado a la Acción

Ahora mismo, mientras usted lee estas palabras, el futuro de las escuelas de América está en juego. Las decisiones tomadas en comunidades locales, Congresos estatales, y en Washington DC en este momento tendrán efectos profundos sobre cómo se verán las escuelas primarias y secundarias de nuestro país durante las décadas venideras.

Este es un momento histórico, una oportunidad única en una generación para ayudar a que millones de niños lleven vidas satisfactorias y exitosas. ¿Será usted uno de los activistas concientes y dedicados que trabajen para poner a los padres de nuevo a cargo de la educación de sus hijos? ¿O se va a hacer a un lado a observar? O aún peor, ¿será usted uno de los engañados por la retórica y los lemas de los grupos interesados en la antireforma y trabajará, aún sin intención, para permitir que esta oportunidad se pierda?

Vienen los vales escolares

El 27 de junio de 2002, en una sentencia llamada *Zelman v. Simmons-Harris*, la Corte Suprema de los Estados Unidos determinó que los vales escolares son constitucionales.

Los vales son certificados o becas financiadas con impuestos los cuales pueden ser usados por los padres pueden para pagar la matrícula en las escuelas privadas o públicas que escojan para sus hijos. Hoy, los dólares fiscales obtenidos para la educación van a agencias del gobierno, para ser distribuidos por políticos y burócratas basados en sus prioridades e intereses. Conforme a un programa de vales, el dinero va a los padres, poniéndolos de nuevo a cargo de la educación de sus hijos.

Los padres de unos 30,000 niños en todo el país actualmente tienen este poder: pueden usar vales escolares financiados públicamente para enviar a sus hijos a escuelas privadas. Aquellos padres son *fortalecidos* porque "el dinero sigue al estudiante" a las escuelas que ellos elijan. Las

escuelas deben competir por el privilegio de enseñar a sus hijos, del mismo modo que casi todo productor de bienes y servicios en América debe competir para ganar nuestro negocio.

Si los vales fueran más ampliamente disponibles, romperían el monopolio que ahora tienen las escuelas públicas sobre la educación desde el jardín infantil (kínder) hasta el decimosegundo grado (K-12). Casi nueve de cada diez estudiantes asisten a escuelas públicas. Sus padres tienen poco control sobre lo que esas escuelas enseñan o las políticas que ellas adoptan. Otras personas, elegidas unas y muchas no, tienen ese poder.

Los expertos dicen que aproximadamente seis de cada 10 padres elegirían escuelas privadas para sus hijos si no tuvieran que pagar dos veces por el privilegio, primero a través de los impuestos que pagan para apoyar las escuelas públicas, y otra vez mediante el pago de la matrícula en la escuela privada de su elección.

La decisión de la Corte Suprema despejó cualquier duda que quedara sobre la legalidad de los vales. Pero el debate nacional sobre los vales y el futuro de nuestras escuelas apenas comienza. Usted puede desempeñar un papel importante en ese debate.

Los niños de América necesitan su ayuda

Quienes se oponen a los vales—muchos de ellos cuyos empleos serían innecesarios si las escuelas compitieran y los padres estuvieran a cargo-creen que pocas personas dedicarán tiempo a aprender cómo los vales podrían mejorar considerablemente el sistema escolar de nuestro país. Ellos pueden estar en lo cierto. Muchas personas no dedicarán el tiempo para "ponerse al día" con este asunto.

Los niños de América necesitan su ayuda. Ellos le necesitan para que diga la verdad sobre los vales en conversaciones con amigos y vecinos, en cartas al editor de su periódico local y en las reuniones de organizaciones cívicas y de negocios a las cuales usted pertenezca.

Si su estado permite iniciativas públicas o referéndums, usted puede tener una oportunidad para promover los vales y votar por ellos. Algunos candidatos que aspiran a cargos directivos en escuelas, estados y oficinas nacionales, son fuertes defensores de los vales, y necesitan su

ayuda para ganar la elección. Las organizaciones de base en su ciudad o estado necesitan su ayuda para divulgar las noticias sobre los vales.

Al final de este libro hay un directorio nacional de organizaciones defensoras de la reforma de los vales escolares. Le solicitamos visitar sus páginas en la Red o llamar y pedir muestras de sus publicaciones. Únase a las que usted crea que son eficaces, y use sus publicaciones y otros recursos para hacerse un efectivo defensor de los vales escolares.

Hay también un formulario de respuesta al final del libro. Por favor úselo para obtener una suscripción gratis a un periódico mensual sobre reforma escolar o para comprar copias adicionales de este libro.

Gracias por dedicar tiempo para aprender sobre la necesidad urgente de la reforma educativa y los vales escolares. Por favor entienda, sin embargo, que poco se logrará *si lo único que usted hace es* leer este libro. Los niños de América necesitan que usted haga más. Por favor únase al movimiento por la elección de los padres. ¡Deje que los padres elijan, los maestros enseñen y los estudiantes aprendan!

—Joseph L. Bast
Herberg J. Walberg

Introducción

E ste libro es para padres, profesores, políticos, contribuyentes y
todo aquél que quiera *grandes* escuelas para los niños sin tener en
cuenta su raza, extracción social, ni los ingresos de sus padres.

Nuestra tesis es que América una vez tuvo grandes escuelas de jardín
infantil (kínder) a duodécimo (K-12) grado, y las tendría otra vez si los
padres volvieran a hacerse cargo de la educación de sus hijos siendo
libres para elegir las escuelas a las que sus niños asisten. Los Vales
escolares - certificados o becas financiados con impuestos, que los
padres pueden usar para la matrícula en escuelas privadas - son el
mecanismo para hacer la elección de escuela una realidad.

La adopción generalizada de los vales escolares ocurrirá sólo cuando
las mayorías de los votantes y líderes de opinión sean convencidas de
que un sistema de escuelas privadas y públicas que compiten sería
mejor que el monopolio actual de las escuelas públicas, *y sean movidas
a actuar de acuerdo con sus convicciones.* La creación de una base
firme para esa convicción y decisión de actuar es el objetivo de este
libro.

El debate de 40 años

El debate moderno sobre los vales escolares tiene 40 años. En 1962 el
profesor de economía de la Universidad de Chicago Milton Friedman
produjo *Capitalismo y Libertad*, un manifiesto polémico e influyente
sobre el papel apropiado del gobierno en una sociedad libre.[1] En un
capítulo titulado "El Papel del Gobierno en la Educación," Friedman
desafió las medidas presentes con las que los gobiernos poseen y
manejan la mayoría de las escuelas K-12.

Friedman propuso en cambio que "los gobiernos puedan exigir un
nivel mínimo de la educación, financiada mediante la entrega de vales
a los padres de vales canjeables por una determinada suma máxima, por

niño y por año, si se gastan en servicios educativos 'aprobados'. Los padres serían entonces libres de gastar esta suma y cualquier cantidad adicional que ellos mismos proporcionen, en la compra de servicios educativos a una institución 'aprobada' que ellos escojan."

Tal sistema dependería todavía de impuestos para financiar la educación, pero "los servicios educativos podrían ser ofrecidos por empresas privadas manejadas por instituciones con o sin ánimo de lucro." Friedman pensó que esto traería una considerable mejoría sobre el sistema actual, ya que "el papel del gobierno se limitaría a asegurarse de que las escuelas alcancen ciertos estándares mínimos, como la inclusión de un contenido mínimo común en sus programas, así como ahora se inspeccionan restaurantes para asegurarse de que mantienen estándares sanitarios mínimos."

El apoyo de Friedman a la ayuda de matrícula financiada con impuestos, o "vales," movió la idea de la oscuridad al centro del debate sobre cómo mejorar las escuelas. Durante las cuatro décadas que siguieron, innumerables educadores, políticos, líderes religiosos, jueces, académicos y padres de familia participaron en el debate sobre los vales. El apoyo a los vales escolares ha crecido constantemente entre todos estos grupos.

El debate de los vales hoy

Hoy, el debate ha alcanzado un punto decisivo. Muchas personas creen que los partidarios de los vales han ganado el debate intelectual, pero están perdiendo la batalla política. La investigación académica muestra que los vales mejoran la calidad de las escuelas: los padres están más satisfechos y los estudiantes aprenden más. Encuestas muestran que una mayoría de padres está a favor de los vales, y la mayoría de los padres de minorías ven los vales como un modo de evitar las peores escuelas públicas del país. Pero los programas de vales están funcionando sólo en dos ciudades (Milwaukee y Cleveland) y tres estados (Vermont, Maine y Florida). Las propuestas de vales que aparecieron en las votaciones en Michigan y California en 2000 fueron rechazadas por los votantes.

¿Por qué se están luchando políticamente los vales si sabemos que la elección funciona y una mayoría de votantes apoya los vales? Porque

los vales cambiarían el modo en que las escuelas son financiadas y organizadas en los Estados Unidos, más intensamente que cualquier reforma del siglo pasado. Muchos individuos y grupos tienen un interés creado en mantener el sistema actual tal como es. Los vales amenazan la seguridad laboral de profesores sindicalistas, superintendentes, y otros administradores de escuelas públicas, al facilitar que los padres los hagan responsables de los resultados. Por consiguiente, muchos líderes de sindicatos de profesores y funcionarios de escuelas públicas le tienen un miedo mortal a los vales. Ellos han gastado ya millones de dólares obtenidos a través de las cuotas sindicales, en la oposición a los vales, y planean gastar cientos de millones de dólares más en pocos años próximos.

La decisión de Junio de 2002 de la Corte Suprema de los Estados Unidos en *Zelman v. Simmons-Harris* marcó un momento decisivo en el movimiento político a favor de los vales. Despejando dudas persistentes sobre la constitucionalidad de programas de vales que permitan que los padres elijan escuelas religiosas, la decisión de la Corte ha animado a muchos funcionarios elegidos. Ellos patrocinan experimentos de vales (llamados "programas piloto") para ciudades principales, donde la falla de las escuelas públicas es la más visible, y en algunos casos están proponiendo programas estatales mucho más ambiciosos.

Argumentos contra los vales

En el pasado, los opositores de los vales argumentaron que permitir a los padres elegir las escuelas a las que sus hijos asistan conduciría a la segregación y a una desigualdad mayor. Las familias más ricas, se dijo, usarían los vales para retirar a sus hijos y sus dólares fiscales de las escuelas públicas, dejando atrás a los niños de familias de menos recursos en escuelas públicas pobremente financiadas.

Este argumento se oye todavía, pero es mucho menos convincente de lo que una vez fue. Los programas de vales existentes han tenido exactamente el efecto contrario, al permitir que niños de familias de bajos ingresos asistan a escuelas que alguna vez fueron campo exclusivo de los acomodados. El programa piloto de vales en Milwaukee ha llevado el sistema Público Escolar de esta ciudad a

mejorar, y hasta le ha permitido gastar más por cada estudiante.

Es evidente que el sistema actual de financiación escolar ha llevado a niveles sumamente altos de segregación y desigualdad. Muchos sistemas escolares urbanos públicos tienen inscripciones de minorías del 90 por ciento o más. Sus escuelas son inseguras y académicamente disfuncionales y en algunos casos hasta la mitad de sus estudiantes no se gradúan.

El sistema actual de financiación de la educación es profundamente injusto para la gente que es pobre y no puede costarse el traslado a vecindarios con mejores escuelas públicas. Los vales, lejos de conducir a mayor segregación y desigualdad, son ahora amplia y correctamente vistos como un modo de animar la integración y la igualdad permitiendo que los padres matriculen a sus hijos en escuelas de su elección, *sin importar* raza, nivel de ingresos, o credo. La elección escolar es un asunto de simple justicia.

Del mismo modo, hay una creciente aceptación a la entrega de dólares fiscales a los padres y a que se les permita elegir entre escuelas públicas y privadas que compiten sin que signifique el "establecimiento" de una religión o la obligación a los contribuyentes a que subsidien iglesias. La Corte Suprema al reglamentar afirmó que los vales son constitucionales siempre y cuando ofrezcan a los padres una opción neutral entre escuelas religiosas y seculares. "La separación entre iglesia y estado" no significa que la religión debe ser desterrada de nuestras instituciones públicas.

Los únicos argumentos contra los vales que todavía parecen influir en la opinión pública tienden a ser de carácter económico. La gente parece creer que "la elección de escuela" es una idea buena, pero están menos seguros de confiar en negocios y otros intereses privados (como iglesias y empresas no lucrativas) para manejar las escuelas a las que sus hijos asisten. ¿Se crearán suficientes escuelas nuevas para proporcionar opciones para todos los padres? ¿Es la competencia suficiente para mantener estas escuelas responsables? ¿La educación es de alguna manera diferente a otros bienes y servicios que confiamos al capitalismo para que los distribuya?

Esas dudas no aparecieron precisamente de manera misteriosa de la nada. Sindicatos de profesores y otros grupos de presión en la educación

pública han gastado millones de dólares para divulgar este mensaje. Myron Lieberman, él mismo líder de sindicatos de profesores por mucho tiempo, escribe:

> Las convenciones de NEA y AFT destacan ataques contra "ganancias" "y avaricia corporativa" que podrían pasar fácilmente por una serie de discursos en una convención de un Partido Comunista. Hambre, trabajo infantil, asistencia médica inadecuada, desnutrición—cualquiera que sea el problema, "las ganancias corporativas" y la avaricia son responsables de él o impiden su solución.[2]

Cuando estudiamos los argumentos usados por líderes de sindicatos de profesores y grupos de defensa liberales para oponerse a los vales, descubrimos que son simplemente versiones ligeramente corregidas de críticas al capitalismo usadas por liberales y socialistas durante más de un siglo. El capitalismo (los vales), dicen ellos, lleva a la desigualdad, es antidemocrático, explota a trabajadores y consumidores, discrimina a las minorías, tiende a los monopolios, y pone el ánimo de lucro por encima de todos los demás valores. La mayoría de las personas no entienden el capitalismo suficientemente bien para saber que estos cargos son falsos, por lo cual no están preparados para refutarlos cuando los desempolvan y los reciclan en argumentos en contra de los vales.

Esta estrategia contra los vales ha funcionado. Comerciales de televisión que argumentan que el capitalismo es injusto e ineficaz reducen considerablemente el apoyo a los vales, a menudo del 60 o hasta el 70 por ciento del público hasta tan poco como el 40 por ciento o menos. La gente teme a lo que no comprende, y la mayoría de las personas no comprenden el capitalismo.

La eficacia de los anuncios que atacan el capitalismo es irónica en vista de que los argumentos *en pro* del capitalismo son más fuertes que nunca. El comunismo en la Unión Soviética cayó porque el intento de imponer ideas socialistas a través de la planificación central y el colectivismo condujo a la pérdida, la corrupción y las violaciones sistemáticas de los derechos humanos. Países alguna vez vistos como modelos de la planificación central benefactora, como Japón, están

volviendo al capitalismo.

Hasta prominentes escritores liberales han admitido que "el socialismo está muerto."[3] Sin embargo, este cambio en las actitudes de expertos e intelectuales públicos no es ampliamente conocido. Quienes se oponen a los vales basan sus argumentos, a menudo explícitamente, en ideas socialistas y mitos anticapitalistas que han sido desvirtuados por acontecimientos recientes y rechazados hasta por sus más respetados ex defensores.

Mientras los autores de este libro más estudiamos los argumentos de los principales voceros en contra de los vales, más nos convencimos de que una verdadera defensa de los vales exige un mejor entendimiento del capitalismo que el que tiene hoy la persona promedio de los Estados Unidos. En efecto, tuvimos que "volver a la escuela" para aprender de nuevo lo que son las instituciones básicas del capitalismo y cómo ellas trabajan juntas para producir prosperidad y libertad.

El plan para este libro

Este breve resumen del debate sobre los vales aclara las funciones de este libro. Primero, documentando las fallas académicas, sociales, y políticas del sistema actual, mostramos qué tan seriamente necesaria es una verdadera reforma. Luego, explicamos cómo los vales mejorarían las escuelas sustituyendo las instituciones que no funcionan y que hacen que el actual sistema escolar del gobierno falle.

Seguidamente, explicamos lo que es el capitalismo y refutamos la letanía izquierdista de cargos falsos y mitos sobre él. Haciendo esto, mostramos que el capitalismo y las escuelas de alta calidad son completamente compatibles, y que el capitalismo, de hecho, tiene una historia larga y positiva en el suministro de educación de calidad.

Finalmente, describimos cómo los vales pondrían a los padres nuevamente a cargo de la educación de los hijos… y de esta manera harían que las escuelas de América sean grandes otra vez. Describimos cómo los programas de vales pueden ser diseñados para dirigirse a varias preocupaciones sobre eficacia, equidad y responsabilidad, y presentamos breves respuestas a las preguntas más comunes sobre los vales.

El libro termina con un resumen y unas conclusiones breves. El

apéndice contiene una lista de organizaciones que defienden la reforma escolar a favor de los vales, organizaciones que esperamos que los lectores contacten y apoyen.

Las Escuelas del Gobierno Han Fallado

Nueve de cada 10 niños en edad escolar en los Estados Unidos asisten a escuelas públicas, más exactamente llamadas *escuelas del gobierno*.[4] Algunas de estas escuelas son buenas, pero muchas están fallando al preparar a sus estudiantes, tanto académica como socialmente, para futuros productivos y gratificantes.

Prueba de la falla

Mientras que expertos han documentado la falla de las escuelas del gobierno desde comienzos de los años 1960s, la crisis generalmente escapó a la atención del público hasta los años 1980s, cuando *Una Nación en Riesgo* advirtió sobre "un creciente flujo de mediocridad que amenaza con nuestro propio futuro como Nación y como personas."[5] El mensaje golpea un nervio popular como ningún libro lo había hecho: seis millones de copias se imprimieron y se distribuyeron en un año.

Desde entonces, muchos estudios influyentes han documentado los niveles inaceptablemente bajos de logros académicos alcanzados por los estudiantes estadounidenses. Uno de estos estudios es el informe anual del Panel de Objetivos de Educación Nacional, creado en 1989 por el Presidente George H.W. Bush y 50 gobernadores estatales.

El Panel de Objetivos encontró que ninguna de las metas propuestas 10 años atrás se habían alcanzado y sólo se había presentado un progreso mínimo hacia el alcance de tres de los ocho objetivos. Los promedios de graduación aproximadamente del 75 por ciento, por ejemplo, permanecieron sin alterar entre 1990 y 1999. Apenas uno de cada ocho estudiantes es hábil en lectura y matemáticas.

Según el Panel de Objetivos, ningún progreso se ha logrado en la obtención de aulas "libres de drogas, violencia, y la presencia no autorizada de…alcohol," y los padres no son más propensos a participar en las escuelas de sus hijos hoy que lo que eran hace una década. Menos profesores obtuvieron un grado de bachiller o estudiante universitario en 1999 que en 1990, en la principal materia que se les asignó para la enseñanza.

El Panel de Objetivos de Educación Nacional por sí mismo, en un comentario sobre el décimo aniversario de los objetivos, admitió que hacerse "primero en el mundo" en matemáticas y ciencia no está "ni remotamente dentro del alcance" para el futuro previsible.

Otros estudios encuentran igual la situación. Un sondeo de alfabetismo entre recién graduados de 18 naciones mostró que seis de cada 10 estadounidenses graduados de escuela secundaria fallaron en leer suficientemente bien "para enfrentar adecuadamente las complejas exigencias de la vida diaria." Ellos tuvieron el peor nivel de logros entre los países encuestados. Las escuelas secundarias estadounidenses recientemente ocuparon el último lugar en conocimientos matemáticos y el penúltimo en ciencias.

Los logros educativos en los Estados Unidos se han estancado o han disminuido aunque los gastos se han elevado bastante. Ajustado a la inflación, el gasto por alumno es hoy *cuatro veces* el que era hace 30 años. El gasto en escuelas del gobierno ha crecido mucho más rápido que los ingresos de aquellos cuyos impuestos lo financian.

La economista de Harvard Caroline Hoxby clasificó recientemente las calificaciones promedio de logros de los estudiantes en la Evaluación Nacional del Progreso Educativo por datos de gastos por alumno del Departamento Estadounidense de la Educación, para calcular el cambio de la productividad entre 1970-71 y 1998-99.[6] Según Hoxby, si las escuelas hoy fueran tan productivas como eran en 1970-71, los jóvenes promedio de 17 años obtendrían una calificación que menos del 5 por ciento de ellos alcanza actualmente.

La falla de las escuelas estadounidenses puede verse cada vez más en la fuerza de trabajo. Los negocios americanos pierden entre $25 y $30 billones por año debido a las bajas habilidades de sus trabajadores para la lectura y la escritura. Para el 2001, las compañías

estadounidenses gastaban $7 billones por año en la subcontratación externa para el desarrollo de software. A causa de la escasez de habilidades, muchos puestos de trabajo de baja - y alta-tecnología, como el procesamiento de datos y la programación de computadores, son cada vez más exportados a otros países, más notablemente India e Irlanda.

Sólo las escuelas del gobierno están fallando

Si tanto las escuelas privadas como las del gobierno reportaran disminución en las calificaciones de exámenes y otras mediciones de rendimiento, uno podría atribuir el fracaso a factores ajenos al control de las escuelas. Pero la falla, en su mayoría, se presenta sólo en el sector público. Los estudiantes de escuelas privadas habitualmente obtienen mejores calificaciones en pruebas estandarizadas que sus homólogos de escuelas del gobierno.

Los estudiantes de escuelas del gobierno obtuvieron un promedio de 510 en el área de matemáticas y 501 en el área verbal de los exámenes SAT de 2000. Los estudiantes que asisten a escuelas religiosas obtuvieron un promedio de 523 en la prueba de matemáticas y 529 en la prueba verbal, y los estudiantes de escuelas privadas independientes lo hicieron aún mejor, al lograr 566 en matemáticas y 547 en verbal. El aumento de las calificaciones de estudiantes de escuelas privadas representó una tercera parte del aumento total de las calificaciones de matemáticas en 2000.

Las escuelas privadas superan a las escuelas del gobierno aún cuando se tengan en cuenta la riqueza, la educación, y la motivación de los padres. Mientras intentos iniciales para encontrar un "efecto escuela privada" obtuvieron relativo éxito, una investigación posterior encontró evidencia de que los logros de los estudiantes de escuelas privadas aumentaron más por año escolar, después de haber tomado en consideración el estado socioeconómico de la familia y otros factores que confunden, que las escuelas del gobierno.

Las escuelas privadas no sólo superan a las escuelas del gobierno académicamente, también son doblemente productivas: ellas obtienen dos veces más impacto por cada dólar. Paul Peterson y Herbert Walberg (coautor de este libro) encontraron que escuelas primarias Católicas en

Brooklyn, Manhattan, y el Bronx superaron a escuelas del gobierno tanto en lectura como en matemáticas en cada nivel de grado, a pesar de gastar menos de la mitad que las escuelas públicas.[7] Ellos encontraron que esto es verdad aún cuando se excluyan los gastos de las escuelas del gobierno en niños con necesidades especiales, oficinas centrales, y consejos.

Los críticos de las escuelas privadas a menudo sostienen que las diferencias en la motivación de los padres desvirtúan tales comparaciones. Los padres que eligen escuelas privadas, dicen ellos, están probablemente involucrados más activamente en otros aspectos de la educación de sus hijos, por lo cual éstos tenderían a ser más exitosos aún si permanecieran en escuelas de gobierno.

Pensamos que esta objeción es lógicamente equivocada, porque asume que la decisión de estar activamente comprometido en la educación de los hijos es independiente de lo que las escuelas hacen para animar o desanimar tal compromiso. Una escuela buena promueve la participación de los padres proporcionando mayor contacto con profesores y administradores y correspondiendo más a las sugerencias de los padres y a sus expresiones de preocupación. Muchas escuelas del gobierno erigen barreras burocráticas a tal participación de los padres. Las escuelas privadas tienden a producir mejores resultados académicos, en otras palabras, porque buscan *crear* padres motivados, no porque son elegidas por padres motivados.

Durante los años 1990s, los nuevos datos sobre los logros académicos de los estudiantes y otras mediciones del avance escolar se hicieron disponibles, permitiendo que la "teoría de la motivación de los padres" se pusiera a prueba. Programas privados de becas en varias ciudades y programas de vales financiados públicamente en Milwaukee y Cleveland adjudicaron vales al azar, y como solicitaron más padres de los que los programas podían cubrir, ocurrió un "experimento natural" en el que los niños de padres igualmente motivados fueron asignados al azar a escuelas privadas y del gobierno. Varios expertos han hecho ya revisiones a la última investigación sobre estos programas. Todos concluyen que los estudiantes que usan vales para asistir a escuelas privadas se desempeñan por lo menos tan bien como sus homólogos que permanecen en escuelas del gobierno, y muchos lo hacen mejor.

Paul Peterson de la Escuela de Gobierno Kennedy de la Universidad de Harvard, por ejemplo, declara: "los estudiantes afroamericanos de familias de ingreso bajo que cambian de una escuela pública a una privada se desempeñan considerablemente mejor después de dos años que estudiantes que no reciben una oportunidad de vale."[8]

Una reciente revisión de Paul Teske y Mark Schneider a la literatura sobre la elección "no encontró ningún estudio que documente un desempeño considerablemente más bajo en las escuelas seleccionadas" y "resultados de consenso muestran que los padres están más satisfechos con la elección, que reportan el uso de preferencias académicas para hacer le elección, y que tienden a estar más comprometidos con la educación de su hijo *como una consecuencia de la elección*"[9] (énfasis añadido)

Excusas fallidas

Los defensores de las escuelas del gobierno a menudo argumentan que éstas son inadecuadamente financiadas, pero como se dijo antes, el aumento en los gastos ha sobrepasado significativamente la inflación y el crecimiento de los ingresos personales. Los Estados Unidos gastan más por estudiante que todos, excepto uno o dos países en el mundo, sin embargo tienen los logros académicos entre los peores de las naciones avanzadas de occidente.

Tampoco las escuelas del gobierno fallan porque la financiación sea demasiado desigual. Los estados han aumentado grandemente la financiación destinada "a la igualación" de gastos entre distritos escolares ricos y distritos escolares pobres. Ahora es común que los distritos más ricos recuperen sólo una fracción diminuta de los impuestos que envían a los gobiernos estatales. Esta igualación de recursos no ha mejorado totalmente los logros estudiantiles. De hecho, estados que hacen más para igualar los gastos tienden a ocupar puestos peores en los logros académicos de los estudiantes, después de tomar en consideración otros factores, que estados que hacen menos. (En el siguiente capítulo explicamos el porqué de esta situación).

Un estudio del liberal Instituto de Política Económica (EPI, por sus siglas en Inglés) afirma que la mayoría del nuevo dinero puesto a disposición de escuelas entre 1967 y 1991 se destinó a la educación

especial para discapacitados y niños con dificultades de aprendizaje. Pero como Eric Hanushek ha indicado, si los niños que requieren la educación especial cuestan dos veces lo que cuesta atender a un estudiante medio (como otros expertos han declarado), esto podría tenerse en cuenta para sólo $3 billones durante los años 1980s, una pequeña fracción del aumento de $54 billones en gastos registrado durante ese período.[10]

Los defensores de las escuelas del gobierno en América a veces sostienen que los resultados internacionales de exámenes no deben ser considerados porque las escuelas en los Estados Unidos "tratan de educar a todos los niños," mientras las escuelas en otros países se concentran sólo en los niños de la élite. Esto tampoco es cierto. El porcentaje medio de estudiantes de14 a17 y 18 a19 años de edad vinculados a la educación era más alto en otros países avanzados que en los Estados Unidos.

¿Es más difícil o más caro educar a los niños hoy que en el pasado? Si bien la lucha de los profesores con las consecuencias negativas del divorcio, la pobreza, el consumo de drogas y la cultura popular merecen nuestro respeto y consideración, no está claro que ellos afronten desafíos peores que aquellos afrontados por los profesores en el pasado. La mayoría de estos problemas existían y algunos eran peores hace 30 años. Las encuestas muestran que el dominio de la lengua por los niños de preescolar ha aumentado constante y considerablemente gracias a la mejor nutrición y asistencia médica, así como la mejor educación de sus padres. Educar a los niños en general debería estarse *facilitando*, no dificultándose.

En resumen

Muchas escuelas del gobierno en los Estados Unidos hacen un trabajo inaceptablemente pobre para preparar a los niños para vidas productivas y gratificantes. La falla ha sido bien documentada por entidades del gobierno e investigadores privados.

De este fracaso no puede culparse a los contribuyentes (la carencia de gastos) o a los estudiantes (los niños se han hecho más difíciles para enseñarles). Tampoco se puede culpar a todos los profesores, muchos de los cuales seguramente hacen todo lo posible, a menudo en

condiciones desafiantes.

El hecho de que las escuelas privadas estén funcionando mucho mejor que las del gobierno, frecuentemente gastando apenas la mitad por estudiante, significa que el problema está en el modo como las escuelas de gobierno se organizan.

¿Por qué fallan las escuelas del gobierno? En el siguiente capítulo presentamos las seis causas del origen del fracaso. En el Capítulo 3, mostraremos cómo los vales escolares solucionan cada uno de esos problemas.

Por qué Fallan
las Escuelas del Gobierno

Las escuelas del gobierno fallan por seis motivos. Todos ellos son de naturaleza institucional, y provienen del modo como las escuelas son organizadas, financiadas, y manejadas. En consecuencia, estos problemas son ferozmente resistentes a los esfuerzos de reforma, esfuerzos que vienen desde dentro del sistema educativo.

1. Falta de competencia y elección

El rasgo más distintivo del sistema escolar del gobierno es su casi monopolio en el uso de fondos públicos reservados para la educación. Con unas pocas excepciones, como la ayuda para estudiantes con necesidades especiales, gastos de viajes y libros para niños que asisten a escuelas privadas en algunos estados, y algunos pocos programas piloto de vales en todo el país, las escuelas privadas no son elegibles para recibir dólares fiscales.

Las escuelas privadas, que cobran un promedio de cerca de $4,000 dólares por año por la matrícula, tienen que competir con escuelas del gobierno "gratis" que normalmente gastan más de $8,000 dólares por estudiante cada año. No sorprende que el mercado privado para la educación sea pequeño, y matricule menos del 12 por ciento de niños en edad escolar. Ocho de cada 10 escuelas privadas son sin ánimo de lucro y dependen de subsidios de una iglesia para complementar los ingresos que obtienen por las matrículas.

La manera como la educación gubernamental está organizada también asegura que haya poca o ninguna competencia por estudiantes

entre las escuelas del gobierno. Los estudiantes son asignados a las escuelas con base en el sitio de residencia de sus padres y el traslado a escuelas fuera de un distrito raramente se permite. Los ingresos de impuestos estatales y locales se entregan a las escuelas del gobierno en gran parte sin importar el éxito o el fracaso de ellas. Sus clientes—los padres- pueden elegir escuelas diferentes para sus niños sólo comprando nuevas casas en distritos escolares con mejores escuelas del gobierno o pagando la matrícula en escuelas privadas además de los impuestos escolares. Con impuestos de propiedad tan altos y matrículas privadas que cuestan miles de dólares por año, la mayoría de familias de bajos—y hasta de medios—ingresos simplemente no pueden pagar dos veces por la educación de sus hijos.

La casi ausencia de competencia y elección de los clientes hace la educación K-12 en los Estados Unidos muy diferente de casi todos los demás aspectos de nuestra vida social y económica. Somos libres de elegir entre abastecedores competentes de alimentos, ropa, transporte, y vivienda. Cuando compramos café o detergente en un supermercado corriente, nos enfrentamos a docenas de productos que ofrecen combinaciones diferentes de características y precios. Lo mismo es cierto para compras mayores, como una casa o un carro. En cada una de estas áreas, tenemos el derecho de elegir entre una variedad de compañías que compiten para servirnos mejor.

Incluso en el campo de la educación, excepto en las escuelas K-12, la competencia es la regla más bien que la excepción. Los proveedores de preescolar y de cuidado diario tienden a ser privados y compiten para servir a los padres. Los colegios, las universidades, y las escuelas laborales son a veces privados y a veces manejados por el gobierno, pero compiten por estudiantes y financiación pública. Sólo en el área de la educación K-12 la competencia y la elección se proscriben realmente.

La ausencia de competencia y elección significa que se obliga a muchos padres a enviar a sus hijos a escuelas que no les gustan y que no satisfacen sus necesidades. Así como John Chubb y Terry Moe escribieron:

Ante la falta de opciones de solución, bien sea a través del cambio de residencia o ingreso al sector privado, muchos padres

y estudiantes "elegirán" una escuela pública a pesar de su inconformidad con los objetivos, métodos, personal y desempeño de ésta.[11]

Esta asignación involuntaria de los estudiantes a las escuelas desanima a los padres para vincularse a actividades de apoyo a las escuelas de sus hijos, y probablemente anima a las escuelas del gobierno a imponer barreras burocráticas a la participación de los padres. Las encuestas muestran que los padres que matriculan a sus niños en escuelas del gobierno gastan menos tiempo participando en actividades escolares que el que gastan los padres que eligen escuelas privadas.

Mediante la severa restricción a la competencia y la elección en la educación K-12, hemos confiado la formación de América a un monopolio, aunque un monopolio del sector público. "De los monopolios públicos," escribe el profesor de administración de CUNY E.S. Savas, "puede esperarse que se comporten justo como los privados, no porque la gente que trabaja en ellos sea avara o mercantilista, sino porque los incentivos subyacentes son los mismo y los seres humanos inevitablemente responden del mismo modo ante ellos. Así, los monopolios tienden a hacerse ineficaces, inefectivos, e insensibles."[12]

Los superintendentes y los directores no pueden basarse en datos de matrículas para que les digan si están satisfaciendo a los padres, de la manera como un hombre de negocios puede ver los informes de ventas. Ni tienen ellos un registro de ganancias y pérdidas que les diga cuando están pagando demasiado para producir su servicio. Los padres y los contribuyentes normalmente no pueden comparar el gasto de las escuelas del gobierno con el desempeño de sus hijos, y entonces no tienen forma de saber cuáles escuelas son más productivas.

Aunque sea desestimulada por el actual sistema de financiación de escuelas, de vez en cuando se presenta alguna competencia dentro de áreas geográficas, causada, por ejemplo, por la presencia de muchos pequeños distritos en vez de un único distrito dentro de un condado. Después de examinar 35 estudios sobre los efectos que este tipo de competencia "accidental" tiene sobre los logros de los estudiantes y otros resultados, Clive Belfield y Henry Levin concluyeron: "una

mayoría importante de estos estudios registran efectos beneficiosos de la competencia a través de todos los resultados, y muchos reportan coeficientes estadísticamente significativos."[13]

2. Consejos escolares ineficaces

Los consejos escolares son a menudo comparados con las juntas directivas de empresas privadas, y de alguna manera esta comparación es válida. Pero hay una diferencia crucial: la supervivencia continua de un negocio privado depende de su capacidad de satisfacer a los clientes mediante la generación de productos que ellos quieren a un precio que ellos están dispuestos a pagar. Las escuelas del gobierno, al ser financiadas por impuestos y no tener que competir por estudiantes, están raramente en peligro de "salir del mercado." Los efectos de esta diferencia en los incentivos de los directivos son considerables.

Los consejos escolares pueden, y en muchas partes del país lo hacen, dirigir escuelas que han sido rotundos fracasos durante años y hasta décadas. En algunos casos, los consejos escolares son simplemente incapaces de imponer el cambio a las burocracias poderosas que supuestamente trabajan para ellos. "La influencia real del consejo sobre la escuela, aun si es poderoso y agresivo, es a menudo minuciosamente intermediada por los agentes administrativos del consejo."[14] Miembros del consejo escolar abiertos a la reforma simplemente no ofrecen competencia a una burocracia permanente apoyada por intereses especiales bien organizados.

Pocos miembros de consejos escolares tienen amplia experiencia en dirección, negocios o educación. En efecto, el mejor y el más brillante pueden resistir llamados a dar tal ingrato y casi imposible servicio a sus comunidades. Sirviendo por periodos limitados con poca o ninguna paga ni personal de apoyo, acceso denegado a la información exacta sobre logros y productividad, y obstaculizado por mandatos federales y estatales y contratos sindicales que dictan las decisiones más importantes, la función habitual del miembro de consejo escolar no es envidiable.

Como la persona integrante del consejo tiene poca oportunidad de mejorar verdaderamente las escuelas, los consejos escolares tienden a ser dominados por gente que obra por motivos que pueden tener poco

que ver con el manejo de escuelas para la productividad máxima. Ellos centran su atención en asuntos personales e ideológicos, más bien que en la cuestión más difícil de que las escuelas estén alcanzando resultados.

Sorprende poco, entonces, que muchos consejos escolares respalden modas como el lenguaje total, "las pruebas auténticas," Ebonics y educación bilingüe, cuyo éxito queda sin comprobación en experimentos aleatorios o investigaciones estadísticamente controladas. Defender tales causas dudosas cuando son nuevas permite que miembros de consejo ganen reputación de ser "innovadores" y "de avanzada," una cosa útil cuando se aspira a ser director del consejo, alcalde, o representante del estado. Hay poca posibilidad de que estos miembros de consejo continúen laborando cuando lleguen los resultados decepcionantes de la moda... si es que la burocracia aún permite que los resultados decepcionantes se conozcan.

3. Sindicatos poderosos de profesores

Los sindicatos poderosos de profesores son la tercera razón por la cual las escuelas del gobierno fallan. La Asociación de Educación Nacional (NEA) y la Federación Americana de Profesores (AFT) juntas cuentan con más de 3 millones de miembros y obtienen más de \$1 billón por cuota sindical cada año. Más del 70 por ciento de los profesores de escuelas del gobierno son empleados con base en negociaciones colectivas, lo que hace a las escuelas del gobierno una de las fuerzas de trabajo más sindicalizada en los Estados Unidos.

La mayoría de los líderes sindicales del profesorado se oponen firmemente a la elección escolar, aunque se limite a escuelas del gobierno, y a otras reformas como el pago por méritos, que harían las escuelas más responsables para padres y contribuyentes. Tales reformas harían más difícil para los sindicatos la organización de los profesores, puesto que las escuelas que tengan que competir por estudiantes no pueden costear la carga laboral exigida por el sindicato, la cual genera costos sin mejorar la calidad del servicio que se produce. Por ejemplo, pocas escuelas privadas toleran contratos sindicales que requieren cinco años y más de \$100,000 dólares en gastos legales y de otro tipo para despedir un empleado incompetente, sin embargo esta es una parte

estándar de los acuerdos con sindicatos de profesores.

Los sindicatos de profesores se oponen a los vales, entonces, porque es más difícil para ellos organizar a miembros en escuelas que tienen que competir por estudiantes. Menos miembros significan menos ingresos por cuota sindical, menos influencia política, y por último más bajos salarios y menos ventajas para los líderes sindicales.

Los mismos profesores, es importante destacarlo, no se oponen unánimemente a los vales. Muchos se beneficiarían de menos burocracia y preferirían que su compensación se determinara por su desempeño y no por acuerdos sindicales. Los profesores de escuelas del gobierno son doblemente propensos a enviar a sus hijos a escuelas privadas que el público en general, lo cual muestra que ellos ven las escuelas privadas como competidores de alta calidad. Los líderes y organizadores sindicales, en cambio, son llevados por intereses personales a oponerse a muchas reformas que podrían conducir a una mayor competencia entre las escuelas y a un mayor control por parte de los padres.

Los líderes de sindicatos de profesores tienen poder excepcional sobre la mayoría de los consejos escolares y superintendentes, lo cual permite que los sindicatos formen las políticas educativas así como los términos de los contratos laborales de los profesores. Este poder proviene de la posición de los sindicatos como los proveedores principales del trabajo a una empresa política que funciona con poca preocupación por el costo o la calidad. La amenaza de huelga es especialmente potente en tales condiciones, ya que la administración es propensa a ceder rápidamente para evitar afrontar a padres enojados. Los economistas llaman a grupos como los sindicatos de profesores "buscadores de renta" porque ellos usan sus posiciones en programas del gobierno para obtener un pago, o "renta," de consumidores cautivos.

Los líderes de sindicatos de profesores usan esta "renta" para aumentar salarios y ventajas (para ellos y sus afiliados), pagar por tiempo gastado en la organización del sindicato y el fortalecimiento de protecciones legales para la seguridad en el puesto ("tenencia"), y asegurar que no se adopte ninguna legislación que pueda obstaculizar su poder monopólico. Charles Sykes, un antiguo miembro del Instituto de Investigaciones Políticas de Wisconsin, explica cómo los sindicatos

de profesores se han hecho políticamente poderosos:

*En algunos estados, el sindicato de profesores se ha convertido
en el equivalente en funciones a un partido político, asumiendo
muchos de los papeles -reclutamiento de candidatos, recaudación
de fondos, bancos telefónicos, votación, impulso a los esfuerzos
por obtener votos—que fueron una vez manejados por partidos
políticos tradicionales.*[15]

Según documentos de la corte, el afiliado de NEA en el estado de
Washington gasta en actividad política aproximadamente el 70 por
ciento de las cuotas que cobra. Hay poca razón para creer que los
afiliados del NEA y la AFT en otros estados invierten una parte inferior
de su ingreso en la política. Juntos, el NEA y la AFT emplean a más
obreros políticos que los Partidos Demócrata y Republicano unidos. Sus
delegaciones en la convención Demócrata de1996 - 405 representantes-
eran más grandes que las delegaciones de todos los estados, excepto
California.

La próxima vez que usted oiga un anuncio en la radio sobre la
financiación de escuelas, ponga mucha atención a quién lo pagó. Las
posibilidades son: un sindicato de profesores o un grupo de defensa
creado por un sindicato de profesores. La Asociación de Padres y
Profesores (PTA), por ejemplo, aunque su nombre sugiera otra cosa,
está estrechamente relacionada con sindicatos de profesores y se opone
a cualquier reforma no respaldada por estas organizaciones. La mayoría
de lo que usted oye y lee durante las elecciones de consejos escolares,
referéndums para impuestos escolares y debates sobre política estatal de
educación viene directa o indirectamente de sindicatos de profesores.

Obviamente, los sindicatos de profesores y otros grupos que se
benefician del monopolio de las escuelas del gobierno tienen derecho
de comunicar sus preocupaciones al público (mientras no usen fondos
del gobierno para financiar sus campañas de relaciones públicas).
Nuestro mensaje es simplemente este: los sindicatos de profesores se
benefician del sistema actual de financiación escolar y lo defenderán
aunque esté perjudicando a millones de niños. Usted tiene toda la razón
para ser escéptico cuando los voceros de los sindicatos o sus mensajeros

pagados hagan divulgación.

4. Conflictos de interés

Los empleados de escuelas del gobierno funcionan en un ambiente institucional abundante en conflictos de interés. Los superintendentes proponen los presupuestos y deciden qué niveles de logros académicos constituyen el éxito, mientras al mismo tiempo ellos son responsables de ofrecer el servicio: contratación y dirección de los profesores, elección y mantenimiento de las instalaciones, etcétera. En el sector privado, los mercados determinan las ganancias y qué nivel de logros es aceptable, y los productores deben esforzarse por generar servicios que puedan pasar las pruebas del mercado.

Los superintendentes afrontan incentivos poderosos para fijar estándares más bajos a fin de hacerlos más fáciles de alcanzar, y aumentar el presupuesto a fin de evitar negociaciones difíciles con los sindicatos de profesores. Ellos pueden retrasar el mantenimiento de las instalaciones, ya que este será poco notado durante su breve permanencia en el cargo, y pueden tomar otras innumerables decisiones que contradicen los objetivos de eficacia y excelencia.

Un conflicto de interés que es fácil de entender tiene que ver con la manera como se les paga a los superintendentes. Frecuentemente se les paga según el número de personas a su cargo, y entonces ellos afrontan tentaciones fuertes para ampliar el tamaño de su planta de administradores y profesores. Pero a menos que un superintendente esté realmente mal informado, él o ella sabe que los distritos y las escuelas más grandes perjudican los logros del estudiante, haciendo menos probable que éste reciba la atención que necesita para superarse.

Los puestos de director de escuela del gobierno son también dudosos. La carencia de un plan de estudios coordinado y los métodos de evaluación inconsistentes hacen casi imposible evaluar con exactitud el desempeño de su personal. Incluso si ellos pudieran hacer esa clasificación, un acuerdo de negociación colectiva compleja y detallada limita severamente sus posibilidades de administrar. El pago por méritos para recompensar y conservar a profesores destacados es estrictamente prohibido en casi todos los sistemas escolares del gobierno. Las leyes de contratación hacen tan difícil y costoso el

despido de personal incompetente que los directores tratan de dar rodeos en vez de remplazar, incluso a personal potencialmente peligroso como los pedófilos.

Estos conflictos de interés implican que las escuelas del gobierno fallen a menudo aunque cuenten con profesores y personal bien preparados y muy motivados, y aunque puedan tener instalaciones de tecnología avanzada y los mejores planes de estudios disponibles. El activista de reforma escolar de California, Marshall Fritz, ha usado la imagen de una canoa hecha de cemento para ilustrar la gran impotencia que enfrentan profesores y personal de las escuelas del gobierno. No importa qué tan fuerte remen o con qué cuidado naveguen, de todas maneras están condenados a hundirse. Sólo la competencia y la elección de los padres pueden sustituir la canoa de concreto por una que flote y pueda llevarnos a nuestros destinos.

5. Interferencia política

La toma de decisiones entre familias y amigos es realizada por lo general sin comités y sin un proceso complejo de aprobación, porque esas relaciones están basadas en el amor y la estrecha familiaridad. Es como cuando actuamos como compradores o vendedores de bienes o servicios, por lo general no tenemos que votar sobre lo que queremos hacer o consultar gruesos tomos que contengan reglas y normas que debamos seguir. Las instituciones que consideramos ajenas al gobierno—precios, competencia, certificaciones y publicaciones como *Consumer Reports*- nos ayudan a tomar las decisiones correctas.

Los sistemas políticos, debido a que juntan a extraños con puntos de vista e intereses diferentes, no pueden basarse en amor o familiaridad. Como ellos no usan o tienen en cuenta los precios y la competencia, no tienen la clase de instituciones que funcionan en el sector privado. Y sin embargo, los sistemas políticos deben encarar y solucionar muchos de los mismos problemas afrontados por familias y economías: deben establecer objetivos, delegar autoridad y responsabilidad, revisar los logros, y prevenir el fraude y la mala conducta.

Los sistemas políticos intentan conseguir estas cosas basándose en reglas y burocracia. Cada nivel del gobierno o burocracia intenta restringir el poder de decisión del nivel inferior, imponiendo reglas,

requiriendo informes, y nombrando comités de supervisión. Mientras más complejo sea el servicio, más costosas, complicadas, y detalladas se hacen las reglas y las burocracias necesarias para supervisarlo.

Las escuelas son de verdad empresas complejas. Junto con la crianza de los hijos, lo que ocurre en una clase entre profesor y estudiante puede ser la relación entre adultos y niños más delicada y difícil de evaluar en la sociedad contemporánea. Cada esfuerzo para imponer manejo político sobre lo que ocurre en las clases causa un laberinto de mandatos, programas de ayuda absolutistas, agencias de supervisión políticas y restrictivas, así como conflictos y restricciones innecesarias para el personal de planta de la escuela, hasta "prácticamente, todo lo de importancia es prohibido u obligatorio."[16]

Los funcionarios federales usurpan la autonomía estatal y local y reducen la eficacia dirigiendo los gastos anuales de muchos billones de dólares para programas "categóricos" "o compensatorios" para remediar varios males sociales e individuales. En la teoría, estos fondos van a clases y servicios pequeños y especiales para niños clasificados como pobres, migrantes, bilingües, racialmente segregados o psicológicamente impedidos. En la práctica, los programas han creado intereses de producción especiales y enormes burocracias en los niveles federal, estatal, y local.

La política, en resumen, parece un modo particularmente malo de organizar y entregar un servicio tan complicado e importante como la educación. Esto es probablemente por lo que las escuelas históricamente no han sido controladas por los gobiernos, sino por organizaciones privadas como iglesias y empresas con y sin ánimo de lucro. Volveremos a este punto en el Capítulo 6.

6. Financiación y control centralizados

Durante las cuatro décadas pasadas hubo un cambio profundo en la responsabilidad de financiar las escuelas, con tendencia hacia el federalismo—desde las administraciones locales hasta los estados o el gobierno federal. En la actualidad, el gobierno federal proporciona aproximadamente el 8 por ciento de la financiación de las escuelas del gobierno; los estados aproximadamente el 50 por ciento y las administraciones locales el 42 por ciento restante.

Mientras los renglones de su gasto total han aumentado, las agencias del gobierno federal y del estatal han restringido más sus aportes. Los distritos escolares locales se han hecho más grandes con el fin de manejar la tramitología para el cumplimiento de las regulaciones estatales y federales.

La tendencia hacia una mayor centralización de la financiación y el control tiene que ver estrechamente con la disminución de los logros del estudiante. Los estados que se apoyan menos en impuestos locales registran las más bajas calificaciones en las pruebas académicas y la más baja productividad. El malgasto y la carencia de resultados medibles son también los mayores en programas que se apoyan más bien en financiación federal que en financiación local, como programas del Título I y Head Start (Iniciación temprana).

La relación inversa entre financiación centralizada y logros del estudiante casi siempre surge porque es fácil malgastar "el dinero ajeno." Proyectos que no se justificarían si los contribuyentes locales tuvieran que pagar el precio total, se emprenden cuando los contribuyentes estatales pagan la mitad y el gobierno federal paga un 8 por ciento. De forma parecida, los contribuyentes locales son menos propensos a supervisar con cuidado los gastos de sus escuelas, si por cada uno de sus dólares fiscales se obtiene otro dólar, o más, del dinero de contribuyentes fuera de la comunidad.

Las regulaciones crecientes reducen la capacidad de las escuelas locales del gobierno para responder a los padres, innovar, y aprovechar oportunidades locales de mejorar la calidad y la productividad. Al mismo tiempo, la financiación estatal y federal ha hecho más difícil para los padres expresar su descontento con las escuelas ineficaces trasladándose a un distrito diferente o hasta a un estado diferente, porque las pesadas normas hacen casi iguales a todas las escuelas del gobierno, con políticas educativas y de personal, y planes de estudios en gran parte idénticos.

Una distribución mayor de la financiación estatal de las escuelas trae consigo aumentos en la regulación, los reportes, la burocracia, y además la distracción del aprendizaje. Mucha energía entra en la pregunta sobre quién gobierna: el gobierno federal, el estado, el distrito local, el director de la escuela, sus profesores, o sus preocupados padres de

familia. Se hace casi imposible determinar la responsabilidad por los resultados.

La centralización también implica errores que, cuando ocurren, afectan a muchos niños más y tarda más enmendarlos. El vínculo de California con el último lugar en las recientes evaluaciones de lectura puede ser atribuible a su adopción desastrosa de la instrucción en "lenguaje total," un error extendido por todo el estado y perpetuado por un sistema de financiación y de toma de decisiones altamente centralizado.

En resumen

Las escuelas de gobierno fallan por seis motivos: falta de competencia y elección, consejos escolares ineficientes, poderosos sindicatos de profesores, conflictos de interés, interferencia política y centralización de la financiación y el control.

Los defectos de las escuelas públicas se hicieron más visibles durante el último medio siglo cuando los ciudadanos perdieron el control local, el gobierno y la administración de las escuelas en los distritos grandes en los niveles estatal y federal, y cuando los educadores del gobierno se hicieron cada vez más indiferentes a las necesidades y deseos de sus clientes. Los resultados en muchas comunidades son sistemas burocráticos estancados que entregan resultados mediocres a costos altos y crecientes y que no satisfacen al público, a los padres, ni a los estudiantes.

El siguiente capítulo explica cómo un sistema de vales escolares se dirigiría a cada razón por la que falla el actual sistema. Como resultado, los vales mejorarían las escuelas a las que todos los niños asisten.

Cómo los Vales Mejoran las Escuelas

U n sistema de vales entregaría a los padres, y no a las burocracias gubernamentales, los dólares fiscales para educación ya cobrados. Los padres usarían entonces los dólares para pagar la matrícula en las escuelas de su elección, bien sean del gobierno o privadas. Posteriormente en este libro describiremos qué tanto se justificarían los vales, con qué regulaciones tendrían que cumplir las escuelas participantes, y otros aspectos específicos del diseño de programas de vales.

¿Por qué sería mejor un sistema de vales que nuestro actual sistema? Este capítulo muestra cómo los vales solucionan los seis problemas identificados en el capítulo anterior.

1. Creando competencia y elección

Los programas de vales acabarían con el monopolio de las escuelas del gobierno, remplazándolo con mercados competitivos en la educación K-12. Cada padre tendría el poder de retirar a su hijo de una escuela que esté fallando en cumplir un trabajo satisfactorio, y en cambio matricular al niño en una escuela que prometa hacer un mejor trabajo. Mientras algunas restricciones limitarían la variedad de escuelas entre las que los padres podrían elegir, un programa de vales bien diseñado daría a la mayoría de los padres muchas escuelas para escoger.

¿Qué prueba tenemos de que los padres realmente quieren elegir escuelas privadas para sus niños? Una investigación de los economistas Barry Chiswick y Stella Koutroumanes sobre los efectos del precio de la matrícula en la inscripción a escuelas privadas[17] y encuestas de varios

expertos influyentes sugieren que un plan de vales aumentaría el número de estudiantes que asisten a escuelas privadas, aproximadamente de uno de cada 10 hasta seis de cada 10. Esta transición ocurriría gradualmente, quizás en el curso de una o dos décadas, ya que muchos padres con hijos que ya asisten a escuelas del gobierno vacilarían en interrumpir el curso escolar de sus niños.

El análisis cuidadoso de Terry Moe a la opinión pública, publicado en 2001, encontró que "la mayoría de los padres de escuelas públicas dicen que estarían interesados en ir a escuelas privadas" y "hasta padres satisfechos en escuelas públicas podrían estar interesados en ir a escuelas privadas si fueran motivados por el deseo de buscar mejores alternativas."[18] Un ejemplo internacional sugiere lo que probablemente es verdad: cuando Holanda introdujo un sistema de vales hace un siglo, un tercio de los niños de ese país asistían a escuelas privadas. Hoy aproximadamente seis de cada 10 lo hacen.

Los vales recompensarían a los padres que toman el tiempo para comparar diferentes escuelas, haciéndoles posible ubicar a sus niños en las que ellos decidan que son las mejores. Los estudios de la participación de los padres en escuelas privadas y en escuelas que participan en programas piloto de vales muestran que estas inversiones de tiempo y energía no terminan una vez que se elige una escuela, sino que crecen al participar los padres en una variedad de programas escolares y seguir comparando los programas de la escuela elegida con los de las escuelas que le compiten.

Los vales también cambian profundamente los incentivos de los administradores escolares. Bajo el monopolio actual de las escuelas del gobierno, los administradores escolares tienen poca razón para ser receptivos a las preocupaciones y sugerencias de los padres, ya que el costo de retirar a un estudiante de una escuela es más alto que el que la mayoría de los padres pueden pagar. Las escuelas del gobierno desarrollan burocracias grandes y poderosas para limitar y desanimar la partición de los padres, y la ausencia de competencia y elección les permite salirse con la suya.

Los vales implican que cada vez que un estudiante se traslade de una escuela del gobierno a una escuela privada, los dólares fiscales obtenidos para la educación de ese niño "sigan al estudiante" a la nueva

escuela. Esto significa que las escuelas del gobierno tendrían una motivación financiera fuerte para mejorar con el fin de desanimar a los padres a trasladar a sus niños. Un sistema de vales, en otras palabras, genera verdaderas consecuencias para las escuelas del gobierno que fallan en escuchar a los padres y mejorar sus programas.

También, las escuelas privadas afrontarían incentivos más fuertes para ser receptivas con los padres bajo un plan de vales. Bajo el sistema actual de financiación de las escuelas, las escuelas privadas funcionan en una desventaja financiera tremenda frente a las escuelas del gobierno, ya que la matrícula en las escuelas locales del gobierno es gratis, mientras las escuelas privadas deben cobrar varios miles dólares o depender de la caridad. Los padres que están dispuestos a hacer el sacrificio financiero requerido para elegir una escuela privada son frecuentemente motivados por el deseo de hacer que sus niños reciban instrucción religiosa y pueden ignorar los mediocres logros académicos y otras mediciones, no eclesiásticas, de resultados.

La necesidad de depender de la caridad—como aproximadamente ocho de cada 10 escuelas privadas lo hacen—también reduce la responsabilidad de una escuela con los padres. Las escuelas que dependen de la caridad compiten por benefactores, no necesariamente por estudiantes. Ellas son también relativamente poco atractivas para inversionistas, bancos, y otras fuentes de capital para crecer y mejorar. Estas instituciones imponen la disciplina fiscal a escuelas con ánimo de lucro.

2. Sustituyendo consejos escolares ineficaces

Bajo un plan de vales, los impuestos obtenidos para la educación irían a los padres en vez de a los administradores de escuelas del gobierno. Algunos padres elegirían todavía escuelas del gobierno para sus hijos, y estas escuelas tendrían que ser supervisadas por consejos escolares. Pero esos consejos serían mucho mejor establecidos para hacer su trabajo correctamente.

Bajo el actual monopolio de las escuelas del gobierno, la mayoría de los padres son incapaces de trasladar a sus niños de una escuela que falle, sin importar qué tan pobremente se desempeñe. Muchos miembros de consejos escolares actúan como si una inscripción estable

o creciente fuera prueba de que sus escuelas lo están haciendo bien, aunque bien podría haber un éxodo si los padres fueran libres de elegir una escuela diferente. Bajo un programa de vales, esa complacencia se terminaría. La inscripción sería fuertemente determinada por la satisfacción del cliente, y los miembros de consejo concientes podrían usar la disminución en las inscripciones como prueba de que se necesitan verdaderas reformas.

Bajo el sistema actual de financiación escolar, se necesitan contribuyentes, no clientes entusiastas, para financiar el presupuesto del sistema escolar. Es a menudo más fácil para los miembros de consejos escolares gestionar más dinero de los contribuyentes locales o del estado que oponerse a solicitudes de salarios mayores, más cortos horarios de trabajo o protección más fuerte a los contratos de trabajo, hechas por administradores y profesores sindicalizados. Ya que los contribuyentes están pagando la cuenta, es relativamente fácil para los consejos escolares cambiar la paz laboral por la limitación del costo.

La competencia y la elección de los padres obligarían al consejo escolar a decir no a superintendentes que gasten mucho y a negociar mucho más duramente con su sindicato. La "tienda de caramelos"—el dinero del contribuyente—estaría cerrada. Los ingresos tendrían que ser obtenidos ganando la confianza de los padres que posean vales, y si las inscripciones caen, los gastos se tendrían que recortar en la misma medida.

Esos sistemas escolares—incluso sistemas escolares del gobierno—que hicieran un mejor trabajo controlando gastos estarían en capacidad de cobrar menos por la matrícula[19] o invertir en activos y servicios que se traduzcan en instrucción de más alta calidad, y aparten a los estudiantes de las escuelas menos eficientes. Los miembros del consejo escolar serían capaces de identificar lo que otras escuelas estén haciendo para gastar menos o funcionar de una manera más eficiente y llamar a sus propios administradores a hacer lo mismo, o arriesgar a perder la financiación cuando las inscripciones caigan. A diferencia del sistema actual, las escuelas exitosas atraerían a más estudiantes, y por consiguiente más dinero, proporcionando un incentivo para funcionar bien.

Finalmente, para detener la disminución en las inscripciones o

aprovechar oportunidades para aumentarlas, miembros de consejos escolares insistirían en disminuir las barreras a la verdadera participación de los padres en las escuelas del gobierno. Las burocracias de las escuelas del gobierno son muchas veces más grandes que la administración de las escuelas privadas, y la mayoría de este personal es destinado a manipular o desviar las preocupaciones de padres y miembros de la comunidad. Ninguna escuela privada podría sobrevivir con una pared tan gruesa y cara como la que separa a sus administradores de sus clientes. Una vez que los vales estén en marcha, esas paredes se caerían para las escuelas de gobierno también.

Mientras los proyectos de vales se diferencian en sus detalles, la mayoría incluyen normas para fraccionar consejos escolares existentes en dos consejos separados, uno responsable de recolectar dólares fiscales y distribuir vales a todos los padres elegibles, y otro para supervisar la administración de las escuelas del gobierno que apenas hacen parte de un mercado de educación competitivo. Quienes diseñan el proyecto de vales podrían decidir si es necesario o deseable dar a los consejos de impuestos más autoridad que la necesaria para cobrar impuestos escolares y distribuir vales, o que esa opción se pueda dejar a los votantes locales.

3. Venciendo sindicatos poderosos de profesores

El obstáculo mayor a la reforma verdadera en cualquier campo es el poder de grupos de presión que se benefician del status quo. En la educación K-12, los sindicatos de profesores son los más grandes y los más políticamente poderosos de tales grupos. Los vales disminuirían la influencia de estas organizaciones en el debate de políticas educativas, aunque les permitirían representar los intereses verdaderos de sus miembros.

El actual monopolio de las escuelas del gobierno permite que los líderes de sindicatos de profesores recolecten cientos de millones de dólares por "renta" cada año para usarlos obstaculizando los esfuerzos en busca de reforma. Con un plan de vales, se reduciría bastante este flujo de dólares de los contribuyentes a los funcionarios del sindicato. Mientras los estudiantes se cambien de escuelas del gobierno mayoritariamente sindicalizadas a escuelas privadas principalmente no

sindicalizadas, los sindicatos tendrán menos miembros que paguen la cuota. Además, los intereses de sus miembros ya no estarían más dentro de un acuerdo inflexible siempre. Los profesores trabajarían en escuelas, del gobierno o privadas, que deben competir por estudiantes y financiación. Ellos afrontarían motivaciones fuertes para oponerse a gastos en cabildeo suntuarios y grandes, pleitos en nombre de empleados incompetentes o potencialmente peligrosos, y otras costosas prácticas ahora comunes en las escuelas del gobierno.

Los vales escolares crearían una fuerza contra lo establecido actualmente en escuelas del gobierno, en la forma de un mercado de prosperidad para nuevas escuelas privadas. Los profesores afrontarían una variedad más amplia de oportunidades profesionales, no sólo en escuelas del gobierno tradicionales y escuelas privadas afiliadas a iglesias, sino también en escuelas operadas por compañías nacionales con ánimo de lucro, nuevas escuelas comunitarias de base sin ánimo de lucro, y hasta sociedades privadas formadas por pequeños grupos de profesores.

Una vez que los programas de vales estén en marcha durante unos cuantos años, el equilibrio político pasaría de sindicatos y defensores de las escuelas del gobierno hacia padres y empresarios de educación que buscan satisfacer sus necesidades.

4. Acabando con los conflictos de interés

Los vales acabarían con muchos de los conflictos de interés que afligen al sistema actual de escuelas del gobierno. Los consejos escolares ya no podrían establecer estándares académicos y reclamar crédito por lograrlos, lo que en el pasado los ha conducido a bajar estándares. En cambio, los consumidores concientes y motivados decidirían qué nivel de logro académico es aceptable para ellos. Del mismo modo, los consejos escolares ya no podrían recaudar impuestos para la educación ni decidir cómo gastarlos, lo que ha conducido al derroche y a la aceptación de peticiones irrazonables de los sindicatos en el pasado. En cambio, las escuelas del gobierno tendrían que competir entre ellas y con escuelas privadas por el derecho de recibir fondos públicos.

Bajo un sistema de vales, los superintendentes escolares podrían concentrarse en realmente hacer funcionar sus escuelas, en vez de

cabildear por estándares inferiores o más dinero. Ellos tendrían motivaciones financieras claras para concentrarse en lo que los padres quieren, ya que sus presupuestos serían determinados por el número de estudiantes que sean capaces de atraer. Y ellos serían mucho más libres para hacer lo que es necesario para mejorar sus escuelas, ya que los sindicatos de profesores serían mucho menos poderosos.

Políticas administrativas contraproducentes como el pago de superintendentes según el tamaño de sus plantas de personal no serían toleradas si las escuelas realmente tuvieran que competir por estudiantes. Los distritos y las escuelas se harían más pequeños a fin de especializarse en el ofrecimiento de lo que los padres quieren, y dar a los padres más oportunidades de participar en el manejo y las actividades de la escuela.

Los directores también se beneficiarían de los vales. La competencia por estudiantes con otras escuelas permite que los directores estudien lo que otras escuelas están haciendo, para aprender lo que funciona y lo que no, una práctica llamada "punto de referencia" que casi no tiene sentido cuando es manejada por un monopolio estatal. Bajo un plan de vales, los directores serán por fin capaces de calificar el desempeño de su personal y, liberados de acuerdos sindicales, podrán contratar y despedir así como de conformar un equipo que pueda trabajar unido por la excelencia.

5. No más interferencia política

Uno de los lemas del movimiento de vales es "deje a los padres elegir, a los profesores enseñar, a los estudiantes aprender." No se hace mención a políticos y burócratas, porque los vales reducirían ampliamente los papeles de ambos.

Las escuelas del gobierno se basan en votación, comités, y burocracia para manejar lo que sucede en las aulas. Este sistema de la dirección política es hostil a muchas de las características de las escuelas eficaces, las cuales, según John Chubb y Terry Moe, incluyen "un enfoque académico, un líder educativo fuerte, toma participativa de decisiones, alto nivel de profesionalismo y cooperación entre profesores, y respeto por la disciplina entre estudiantes."[20]

Cuando los padres observan que una escuela de gobierno no está

funcionando -cuando su niño obtiene buenas notas, pero tiene dificultad en la lectura o en la solución de problemas aritméticos elementales, por ejemplo- pueden tratar de usar el proceso político para cambiar cosas, pero tales esfuerzos son a menudo infructuosos. Como Chubb y Moe explican, los padres

> *tienen el derecho a tratar de remediar la situación a través de la estructura democrática de control. Pero todos los demás tienen el mismo derecho, y los determinantes del poder político están agrupados contra ellos. La democracia no puede remediar el desajuste entre lo que los padres y los estudiantes quieren y lo que las escuelas públicas proporcionan. El conflicto y la disonancia se construyen dentro del sistema.[21]*

Los vales fortalecen a los padres sin apoyarse en la política dándoles el mismo poder que tienen como consumidores de otros bienes y servicios importantes como alojamiento, alimento, ropa, y transporte: el poder de elegir entre productores competitivos. Este poder es más eficaz que el poder de votar en elecciones a favor de miembros de consejos escolares o recurrir a funcionarios en burocracias escolares no elegidas.

La interferencia política de funcionarios estatales y federales en las operaciones de las escuelas sería estrictamente limitada en un sistema de vales. Sus papeles se limitarían a la recolección de impuestos y distribución de vales, y tal vez a ordenar qué pruebas se hacen a los estudiantes y cómo se clasifican los resultados de esas pruebas. Una coalición fuerte y creciente de padres y educadores cabildeará para proteger la autonomía de la escuelas privadas y liberar a las escuelas del gobierno de reglas y regulaciones que las hacen incapaces de competir por estudiantes.

6. Descentralizando la financiación y el control

Los vales descentralizan considerablemente la financiación y el control de las escuelas. Ellos sustituyen una estructura de control vertical por una horizontal, reclutando a cada padre para que ayude a supervisar la calidad de las escuelas y a transferir recursos de las que están

fracasando hacia las que están teniendo éxito.

El milagro de los vales -lo que los hace una fuerza tan poderosa para la reforma- es que los dólares fiscales siguen al estudiante. Qué nivel del gobierno recaude el dinero es menos importante que el dinero sea dado a padres, en forma de certificados o becas que pueden ser usadas sólo para pagar la matrícula en escuelas calificadas. Cada padre entonces decide cuáles escuelas deberían recibir la financiación, y todos los padres tienen motivaciones fuertes para supervisar el desempeño de sus escuelas elegidas.

Los impuestos recaudados por todos los tres niveles del gobierno se pueden "poner en vales," por cada nivel del gobierno individualmente, o por el condado o distrito local escolar. El Presidente George W. Bush, por ejemplo, ha propuesto poner en vales la ayuda federal a estudiantes de ingresos bajos y con dificultades de aprendizaje. Esos fondos podrían ser también puestos en vales por los gobiernos locales, siempre y cuando sigan yendo exclusivamente a los estudiantes para cuyo beneficio son destinados.

Se espera del nivel estatal la mayor actividad legislativa sobre el tema de los vales escolares, ya que la responsabilidad de proveer y financiar escuelas K-12 es tradicionalmente asignada a los estados por las constituciones estatales. (La Constitución Estadounidense no incluye financiación educativa o administración de escuelas entre las potestades atribuidas al gobierno nacional). Los estados pueden crear por todo su territorio programas de vales abiertos a todos los padres, programas estatales abiertos sólo a familias de ingresos bajos, o programas limitados a ciertas ciudades o condados donde las escuelas del gobierno en su mayoría necesitan mejorar. Los estados también pueden diseñar programas para permitir que las comunidades locales opten por un programa de vales mediante referéndums populares o decidan quedarse con su sistema actual de financiación escolar.

Como quiera que se diseñen, los programas de vales acaban con la centralización creciente de la financiación y el control de las escuelas. Ellos invierten el sistema actual, poniendo a los padres a controlar y poniendo a los burócratas a esforzarse para satisfacer las necesidades de los padres. La responsabilidad viene de millones de padres activos e informados que exigen escuelas de calidad para sus niños.

En resumen

Al dar a los padres el poder de elegir las mejores escuelas para sus niños, un programa de vales remplazaría el monopolio de las escuelas del gobierno por competencia y elección. Se animaría a los padres a comprometerse más en la educación de sus niños, y se impulsaría a los educadores a tomar mucho más seriamente las preocupaciones de los padres.

Los vales acabarían con los interminables conflictos de interés afrontados por los miembros de consejos escolares, superintendentes y directores, y permitirían que los padres hicieran oír sus preocupaciones con mucha más eficacia que como ahora lo hacen. La oposición de los sindicatos de profesores y otros grupos de presión contra la reforma se disminuiría mucho y se superaría más fácilmente.

Sustituyendo una estructura de control vertical por una horizontal, los vales acaban con la tendencia a concentrar autoridad en los niveles estatal y federal permitiendo a cada padre ayudar a decidir cuáles escuelas obtienen financiación y cuáles no.

¿Qué Es el Capitalismo?

Muchas de las críticas a los vales son realmente apenas críticas al capitalismo sutilmente veladas, a la manera como la economía en los Estados Unidos (y la mayoría del resto del mundo) está organizada. Este no es simplemente un juego de palabras de los opositores a los vales: después de todo, los vales se apoyarían en las instituciones y los procesos del capitalismo para educar a la mayoría de los aproximados 45 millones de niños de la nación en edad escolar.

Una discusión de lo que el capitalismo es y cómo funciona puede parecer elemental e innecesaria en un libro sobre la reforma escolar, pero el debate actual revela su importancia. La economía básica rara vez se enseña en escuelas secundarias y es muy desatendida en las revistas populares y la prensa. Incluso los cursos de pregrado universitario habitualmente descuidan lo que se llama "microeconomía," el estudio de cómo se descubren los precios y se establece el intercambio.

Este capítulo le recuerda al lector (o introduce al lector a) algunas verdades básicas sobre el capitalismo. En el siguiente capítulo, rebatimos algunos de los mitos anticapitalistas más populares. Luego, en el Capítulo 6, volveremos a la educación describiendo cómo el capitalismo y la educación son compatibles.

No una filosofía sino una economía

La palabra "capitalismo" suena como la etiqueta de una filosofía, más bien que un sistema de producción, distribución, y consumo de bienes y servicios. Pero el capitalismo es, de hecho, solamente un tipo de economía. Lo que lo distingue de otras economías, como el economista Thomas Sowell ha escrito, es que no es "manejado por autoridades

políticas"[22]

A diferencia de la economía doméstica, las economías de nuestra vecindad, comunidad, y nación se caracterizan por la especialización y la división del trabajo. La gente adquiere habilidades diferentes, que le permiten trabajar en grupos para producir una variedad relativamente estrecha de bienes en abundancia. Los bienes se pueden intercambiar sobre una base regular, con personas cada vez más lejanas al hogar o la comunidad del productor.

El intercambio crea el problema de la coordinación: ¿Cuánto se debe producir, y en qué condiciones se debe intercambiar por los productos de otros productores? Las sociedades tradicionales entregan esa autoridad a individuos o grupos en virtud de su nacimiento en una casta o ascensión en una jerarquía definida por tradición. Las sociedades militaristas o totalitarias dan autoridades a dictadores o élites, que hacen cumplir su voluntad por el ejercicio de la fuerza o el terror.

El comunismo intentó solucionar el problema de coordinación eliminando los derechos a la propiedad privada y libre intercambio, colocando importantes decisiones económicas en las manos de planificadores centralizados. El colapso global del comunismo en los años 1990 provino de la enorme ineficiencia y la corrupción que se generó y la inhabilidad de Mikhail Gorbachev para reformar el sistema. Para solucionar el problema de coordinación, el comunismo tuvo que ser sustituido por el capitalismo.

Tres instituciones del capitalismo

Las sociedades capitalistas usan la *libertad* para solucionar el problema de coordinación. Tres instituciones se erigen en el centro de una economía capitalista: la propiedad privada, los mercados, y el Mandato de la Ley.

Propiedad privada. En una economía capitalista, la gente tiene derecho al fruto de su trabajo y a cualquiera otra propiedad que adquiera por medios legales. La propiedad incluye la vida (poseemos nuestros propios cuerpos) y la libertad de una persona, así como las posesiones físicas. La propiedad transferible—posesiones—puede ser vendida o arrendada a otros. La propiedad intransferible -vida y libertad- no puede ser vendida a ningún precio.

Mercados. Los mercados son donde los bienes y los servicios son intercambiados. Los productores (vendedores) y consumidores (compradores) se encuentran en mercados para negociar precios para los bienes y servicios que se intercambian, mutuamente satisfactorios. En un mercado libre, ninguna autoridad externa determina o fija esos precios.

Mandato de la Ley. El capitalismo requiere que se establezcan, se conozcan ampliamente y se hagan cumplir las reglas que definen los derechos y deberes de la propiedad y los deberes y derechos de los ciudadanos. Un aspecto clave de este sistema legal es "la igualdad de las leyes para toda clase de personas," o lo que llamamos el Mandato de la Ley. El capitalismo depende del Mandato de la Ley para prohibir la coacción y el fraude. Sin el Mandato de la Ley, los acuerdos y contratos a largo plazo serían arriesgados o imposibles, porque no se podría prevenir que las personas obren de manera deshonesta entre ellas.

Trabajando juntas, las tres instituciones del capitalismo solucionan el problema de la coordinación. La historia ha mostrado que ellas también hacen posible aumentos enormes del comercio que se presenta entre los individuos, y por consiguiente la cantidad de especialización y división del trabajo que puede ocurrir. Ya que es la división del trabajo la que abastece de combustible la productividad, un sistema capitalista es también un motor para el crecimiento y la prosperidad económica.

Cómo funciona el capitalismo

Para ver como funciona el capitalismo, imagine a dos personas que se encuentran en un mercado, uno con algo para vender y el otro buscando comprar el mismo artículo. El comprador y el vendedor se enrolarán en la transacción voluntariamente sólo si ambos esperan beneficiarse del intercambio. Un objeto de valor relativamente poco para una persona puede valer más para otra, porque sus deseos, oportunidades, y perspectivas son diferentes. Se instala la plataforma para un comercio mutuamente beneficioso y voluntario.

Cuando muchos compradores y vendedores se reúnen en los mercados para intercambiar bienes y servicios, sus ofertas y pujas crean precios que pueden ser exhibidos, anunciados, y dados a conocer de

otras maneras. Este rasgo distingue las economías capitalistas de todos los demás sistemas económicos. Los precios reflejan el conocimiento individual de circunstancias particulares de tiempo y lugar de cada comprador y vendedor, un enorme cuerpo de información que no puede ser conocido por ninguna persona individualmente. Los precios actúan como señales que le dicen a los productores lo que los consumidores quieren comprar, y a los consumidores lo que los productores quieren vender.

En un sistema capitalista, los activos como la tierra son poseídos particularmente y pueden ser comprados y vendidos libremente. Quienes piensan que pueden darle a un pedazo particular de propiedad mejor uso que su dueño actual, pueden ofrecer para poseerlo. El dueño de la propiedad en cuestión tiene un incentivo para venderla al mejor postor, quien sea capaz de pagar más que lo que la propiedad vale para su actual dueño. El resultado es que la propiedad tiende a encontrar su camino a las manos de aquellos que puedan darle su mejor y más alto uso, minimizando así pérdidas y reduciendo costos.

Los empresarios son personas atentas a las oportunidades de obtener ganancias dándole mejor uso a los recursos. Ellos se anticipan a lo que los consumidores quieren, cuánto están dispuestos a pagar para ello, y cuánto costará proporcionarlo en el futuro. Los empresarios cuyos pronósticos son los más exactos, y los negocios que generan más eficientemente los productos que los consumidores quieren, son recompensados al hacérseles posible la venta de la mayoría del producto. Los empresarios que proyectan equivocadamente y los negocios que son productores ineficaces venderán menos, y posiblemente suspenderán totalmente la producción. Como resultado de esta competencia, aquellos negocios que permanecen en el mercado son los que más acertadamente proyectan y los que más eficientemente satisfacen los deseos del consumidor, y los precios que cobran tienden a ser los precios promedio del mercado.

Las ganancias son necesarias en el proceso empresarial. La proyección de ganancias determina cuánto invierte un negocio en la producción. En cualquier momento dado se están creando y están desapareciendo innumerables oportunidades en una economía grande y compleja. El ánimo de lucro domina el conocimiento y el interés

propio de muchos productores competitivos y de productores potenciales de bienes y servicios para determinar sobre qué oportunidades se debe actuar y a cuáles ignorar.

La competencia entre productores (vendedores) y consumidores (compradores) asegura las ganancias obtenidas por los empresarios y los precios pagados por los consumidores tienden a ser llevados al nivel más bajo que un productor sea capaz de aceptar y tener todavía bastante dinero para producir. Si un productor trata de mantener sus precios demasiado por encima del costo de la producción, el interés de ganar hace que otros productores traten de apoderarse de los pedidos ofreciendo un precio inferior. De esta manera, la competencia y la elección aseguran que mejores bienes y servicios estén disponibles a más bajo costo para los consumidores que más los valoran.

La competencia sirve para limitar las ganancias que los empresarios y los negocios son capaces de obtener. En un año normal, las ganancias aumentan a menos del 6 por ciento del ingreso nacional, y de 1968 hasta 1998 no excedieron el 9 por ciento.[23] Este parecería ser un precio razonable a pagar por el importante papel que las ganancias juegan en la dirección de recursos hacia donde sean más necesarios. (Las así llamadas ganancias inesperadas serán abordadas en el siguiente capítulo.)

Los mercados contra la intervención del gobierno

El descubrimiento de que la propiedad privada, los mercados, y el Mandato de la Ley juntos crean una economía que funciona mejor sin la dirección del gobierno es generalmente atribuido a Adam Smith (1723-1790). En *La Riqueza de las Naciones*, publicado en 1776,[24] Smith escribió que cada uno de nosotros, aunque apuntemos sólo a nuestra propia ganancia, es "conducido por una mano invisible para promover un fin que no hacía parte" de nuestra intención, que es el bien público o común. El interés propio lleva a los consumidores hacia los productores más eficientes (los que puedan ofrecer el mejor valor por el dinero), y la competencia entre los productores asegura que la innovación y la eficacia sean recompensadas.

Muchos esfuerzos han sido hechos por muchos países para hacer el capitalismo "más eficiente" interfiriendo en una de las tres instituciones

claves de él. ¡Seguramente la planificación humana puede producir mejores resultados que el resultado espontáneo de mercados improvisados e impensados! Pero tales esfuerzos tienen raramente, si acaso lo tienen alguna vez, éxito. Cada intento revela que la propiedad privada, los mercados, y el Mandato de la Ley son necesarios para la generación de prosperidad y la preservación de la libertad individual. Las aparentemente pequeñas desviaciones de las instituciones capitalistas a menudo provocan consecuencias no planeadas que ponen en peligro la eficacia de los mercados y la libertad de los individuos.

Este no significa que no haya en absoluto ningún papel para que el gobierno juegue. Adam Smith y muchos defensores influyentes del capitalismo encontraron espacio en sus teorías para un papel sustancial para el gobierno. Por ejemplo, Milton Friedman dice que "la necesidad del gobierno … surge porque la libertad absoluta es imposible. La anarquía, aunque pueda ser atractiva como una filosofía, no es factible en un mundo de hombres imperfectos."[25]

El gobierno tiene un papel importante qué jugar, pero esto no debe socavar las instituciones claves de la propiedad privada, los mercados, y el Mandato de la Ley si el crecimiento económico y la prosperidad deben ocurrir. Como Henry Hazlitt escribió:

> *Es el gobierno la esfera apropiada para crear y hacer cumplir un marco legal que prohíba la fuerza y el fraude. Pero debe abstenerse de intervenciones económicas específicas. La principal función económica del gobierno es estimular y conservar un mercado libre.*[26]

El capitalismo y los intelectuales

¿Por qué es tan extensamente condenado el capitalismo por políticos liberales, filósofos sociales, y muchos escritores populares? ¿Por qué es el socialismo -el control gubernamental de los medios de producción-tanto más popular en los medios universitarios y en los medios noticiosos nacionales? La respuesta es una combinación de curiosidad intelectual, interés propio, y auto selección.

Hacia 1890, el principio de la Era Progresiva, los defensores del

capitalismo se habían puesto en la rutina y la tarea a menudo monótona de llenar los detalles de la teoría. Sus defensores principales gastaron poco tiempo enseñando a la siguiente generación sobre las instituciones del capitalismo, que dieron por supuesto o que pensaron podría ser mejorado con la intervención del gobierno. En consecuencia, los mejores y los más brillantes de la siguiente generación fueron atraídos por el socialismo como algo nuevo, audaz, y de vanguardia. Pocos se molestaron en aprender la historia verdadera del capitalismo o cómo funcionaban las economías capitalistas.

Muchos intelectuales y políticos se vieron como candidatos principales para asesorar o conducir las agencias del gobierno que reformarían y mejorarían las instituciones del capitalismo. "La defensa de la reforma amplia," escribió Frank Knight en 1935, "es prácticamente la petición de la posición de rey de parte del reformador."[27] Aunque pueda no haber sido la intención de la mayoría de socialistas, la teoría del socialismo era usada a menudo para justificar la centralización de la autoridad en las manos de élites.

El sector izquierdista de la mayoría de las facultades universitarias y colegios también refleja la preferencia por aquellos que se oponen a las instituciones del capitalismo. En una economía próspera y creciente, la gente talentosa que no tiene ninguna objeción al capitalismo tienen muchas avenidas disponibles para conseguir la influencia y el poder, incluso en los negocios, las leyes y la medicina. Quienes se oponen al capitalismo, sin embargo, pueden ver sus mejores oportunidades en las publicaciones y las plataformas de la academia, y entonces están sobrerepresentados en colegios y universidades … y en escuelas K-12, también.

En resumen

El capitalismo es un sistema que se basa en la libertad, más bien que en la tradición o la fuerza militar, para organizar la producción, la distribución, y el consumo de la riqueza. Sus instituciones claves son la propiedad privada, los mercados, y el Mandato de la Ley. Dos elementos claves del capitalismo son los precios y las ganancias, que hacen posible a productores y consumidores hacer la mejor elección.

Aunque se registre mucha planificación en una economía capitalista,

no hay ningún plan o planificador central. En cambio, las instituciones del capitalismo, las ganancias, los precios, y otros instrumentos que él crea forman un orden espontáneo, que se adapta continuamente a las nuevas circunstancias, satisface necesidades y descubre nuevas oportunidades. Los esfuerzos para "mejorar el capitalismo" mediante la planificación han fracasado usualmente.

En el Capítulo 6 consideraremos la educación en tal sistema. Pero primero, en el capítulo siguiente, refutamos algunos de los mitos más comunes sobre el capitalismo.

CINCO

Siete Mitos
sobre el Capitalismo

El fracaso de la profesión de economía para desvirtuar mitos populares sobre el capitalismo plantea un desafío tremendo. Cuando los defensores de la reforma escolar hablan sobre "elección," "fortalecer las familias," y "sana competencia," su audiencia frecuentemente tiene visiones de *Oliver Twist* de Charles Dicken o *Erin Brokovich* de Steven Soderbergh pasando por sus mentes. En este capítulo pondremos fin a siete de los mitos más populares sobre el capitalismo.

Mito #1: las corporaciones engañan, roban, y mienten para obtener una ganancia.

Los críticos dicen que no podemos confiar en que las corporaciones hagan las cosas correctas, porque ellas "ponen las ganancias antes que la gente" y están dispuestos a hacer trampas, robar, y mentir para aumentar sus ganancias. Señalan a Enron, WorldCom, y otros casos recientes en los que corporaciones grandes rompieron reglas de la contabilidad, engañaron a inversionistas y se enriquecieron con enormes sobresueldos y préstamos aun cuando los inversionistas y los empleados estuvieran perdiendo miles de millones de dólares.

Los ejecutivos de corporaciones que violan la ley deberían ser castigados, desde luego. Los casos de Enron y WorldCom revelaron que algunos consejos empresariales, las firmas de contabilidad, y los asesores de inversión dejaron de hacer su labor. Ellos deberían ser sustituidos y, quienes robaron, castigados. ¿Pero qué lecciones sobre el

capitalismo dejan estas fechorías corporativas?

Al involucrarse en fraudes, estos ejecutivos corporativos violaron las leyes que hacen posible el capitalismo. La bolsa se movió rápidamente para reducir el valor de las acciones de sus compañías, empujándolas a la bancarrota en cuestión de meses después de las revelaciones de los malos manejos. Sus activos están ahora en las manos de otros negocios que los inversionistas consideran más confiables. Una de las más grandes y antiguas firmas de contabilidad del mundo, Arthur Andersen, fue procesada rápidamente y puesta fuera del negocio. Cientos y quizás miles de compañías están reexaminando sus sistemas corporativos de supervisión para asegurarse que ellos no han pasado por alto de modo similar conductas criminales.

En resumen las instituciones del capitalismo trabajaron para limitar el daño ocasionado por hombres de negocios corruptos y están trabajando para prevenir daños similares en el futuro. Si bien los episodios fueron costosos para los inversionistas y algunos empleados, de las compañías implicadas, ellos no ilustran defectos fundamentales en el sistema capitalista.

Ahora comparemos los casos de Enron y WorldCom con empresas del gobierno dirigidas donde el derroche y el fraude son extendidos y han sido tolerados durante décadas. El Amtrak y el Servicio de Correos, por ejemplo, le cuestan a los contribuyentes billones de dólares por año, sin embargo los esfuerzos para reformar han procedido a paso de tortuga. Se puede decir lo mismo de muchos de los sistemas de escuelas del gobierno más grandes del país.

Aunque el público hoy esté correctamente preocupado por la ética en el sector privado, hay amplio entendimiento de que la corrupción es probablemente más extendida en el sector público. Cuando una encuesta nacional preguntó qué tanta confianza tienen los americanos en bancos, grandes empresas, el Congreso, el sistema de derecho penal, el sistema médico y el laboral, los militares, los periódicos, la policía, y la televisión, los encuestados situaron de penúltimo al Congreso, detrás únicamente del sistema de derecho penal.[28] Dos de tres adultos convinieron en que "el gobierno es casi siempre derrochador e ineficaz." El porcentaje de adultos que convienen en que "el gobierno es más o menos controlado por unos cuantos intereses grandes que

buscan su propia satisfacción en vez del beneficio de toda la gente" se elevó del 29 por ciento en 1964 al 80 por ciento en 1992.[29]

Tal desconfianza se justifica. Una historia de primera página en un importante diario reporta "Ganancias exageradas, responsabilidades disfrazadas, artificios fuera de presupuesto—están todos allí en los libros de contabilidad del gobierno a una escala que hasta las compañías más grandes no podrían soñar con igualar."[30] Un informe de 2001 de la Oficina de Contaduría General federal encontró que $17 billones por año del dinero de los contribuyentes habían desaparecido simplemente sin dejar rastro. Un poco de esto, quizás, es debido a la incompetencia, pero mucho es debido a la corrupción. Entre 1975 y 1989, el número de funcionarios procesados por corrupción aumentó en 1,211 por ciento.[31] Los investigadores han encontrado que el costo *promedio* de las provisiones de bienes y servicios del gobierno es dos veces el de las provisiones privadas.[32] ¿Qué tanto de esta diferencia se debe a la corrupción?

Además de la corrupción abierta, las corporaciones son acusadas de cortar precios para sacar a sus competidores del negocio ("fijación de precios predadora"), publicidad engañosa y prácticas comerciales injustas. Estas acusaciones son realmente más importantes que casos de corrupción abierta ya que ellas implican que el capitalismo es defectuoso en sí mismo. Pero estas acusaciones, también, son incorrectas.

La *teoría* de cortar precios para sacar a los competidores del negocio y luego aumentar los propios precios tiene sentido, pero esto raramente, si es que alguna vez, funciona en la práctica. Standard Oil, por ejemplo, nunca fue capaz de aumentar sus precios debido a la amenaza de entrada en el mercado de nuevas compañías y productos. El caso Standard Oil no es una excepción. Cuando una compañía intenta involucrarse en la fijación predadora de precios, sus competidores emparejan sus rebajas, conduciendo a pérdidas mayores y más duraderas que las esperadas. Los competidores pueden también extender su servicio a aquellos que se les está cobrando de más, disminuyendo lo que quien establece precios predadores esperaba que estuviera compensando en ganancias. La nueva competencia surge de compañías que producen bienes y servicios similares o sustitutos,

haciendo imposible que el predador de precios aumente sus precios a sus niveles antes del corte.

¿Y qué tal la publicidad engañosa? Muchas personas todavía creen que los anunciantes insertan mensajes ocultos en sus anuncios para impulsarnos a comprar sus productos, un argumento planteado primero en un famoso libro publicado en los años 1950s titulado *Los Persuasores Ocultos*. El argumento vendió muchos libros, pero nunca fue justificado. Según el profesor Martin Block, presidente de comunicaciones integradas de mercadeo en la Universidad Northwestern, "yo pondría la publicidad subliminal exactamente en la misma categoría que pondría a los monstruos de Cabo de Loch y los secuestros de extraterrestres… no creo que usted pueda encontrar a alguien que tenga una posición seria en la publicidad y que digan que lo han hecho alguna vez (publicidad subliminal) o aun que sepan de un caso."[33]

¿Gastan las compañías demasiado en la publicidad y no suficiente en formas de mejorar sus productos? Los gastos en la publicidad de todas las clases son minúsculos comparados con el valor de los bienes y servicios que se producen cada año en los Estados Unidos—cerca del 1.5 por ciento. Como las ganancias, el costo de la publicidad es pequeño comparado con los beneficios que los consumidores reciben de aprender sobre nuevos productos.

Otros argumentos sobre mala conducta corporativa son casi tan fáciles de refutar. El hecho es que las corporaciones tratan de obtener ganancias correspondientemente altas para sus accionistas, y la elaboración de productos de alta calidad que los consumidores quieran comprar es la única manera como pueden hacerlo. Los consumidores y los inversionistas son rara vez engañados por largo tiempo, y los competidores son rápidos para exponer los defectos de un producto. Mientras que el gobierno haga su trabajo—prevención del uso de fuerza o fraude—el sistema se obliga a sí mismo a cumplir y es altamente eficiente.

Mito #2: el Capitalismo tiende hacia el monopolio y la concentración.

Muchas personas parecen creer que los negocios exitosos en un sistema

capitalista tienden a crecer con el tiempo hasta que dominan su industria, y se hacen monopolistas. ¿El manejo de las escuelas por empresas confiables implicaría que algún día la educación de nuestros hijos estaría una vez más en las manos de un monopolio poderoso e irresponsable?

No hay aparentes "economías de escala," o beneficios por ser grandes, en la educación. Las escuelas privadas tienden a ser más pequeñas que las escuelas del gobierno y sin embargo producen mejores resultados académicos y son más eficientes. El manejo de escuelas privadas K-12, aún escuelas Católicas, es radicalmente descentralizada y seguiría probablemente siendo así bajo un sistema "privatizado."

No ha habido ninguna tendencia hacia el monopolio o la concentración en la economía libre. El porcentaje de trabajadores estadounidenses empleados por corporaciones con 500 o más empleados cayó del 43 por ciento en 1979 a sólo el 19 por ciento en 1998. El porcentaje de trabajadores en los Estados Unidos empleados por las 500 compañías más grandes en el país cayó del 16 por ciento en 1980 al 11.3 por ciento en 1993; sus ventas como un porcentaje del producto nacional bruto cayeron en más de un tercio durante el mismo período.

Si estos números son sorprendentes, puede ser porque las fusiones y las adquisiciones son "ampliamente divulgadas" por la prensa, pero los desposeimientos o las escisiones subsecuentes son ignorados. Aproximadamente un tercio de todas las adquisiciones hechas durante los años 1960s y los años 1970s, por ejemplo, fueron posteriormente despojadas en los movimientos de toma de posesión y compra de los años 1980s y 1990s. Al mismo tiempo, se crearon muchos nuevos negocios, a menudo demasiado pequeños para llamar la atención de los reporteros.

Finalmente, mientras los monopolios y los oligopolios son muy discutidos, ambas circunstancias son raras y efímeras. La amenaza de entrada de nuevos competidores hace a cada mercado "disputable," evitando que firmas con gran participación en el mercado ejerzan el poder comercial. La competencia a menudo viene de los elaboradores de nuevos y mejores productos, no simplemente de la copia del producto ya producido por el líder del mercado.

Mito #3: Capitalismo significa "los ricos se hacen más ricos y los pobres se hacen más pobres."

Los críticos del capitalismo argumentan que éste causa desigualdad social y económica, como lo expresa el lema "los ricos se hacen más ricos y los pobres se hacen más pobres ." La educación universal gratuita es necesaria, dicen ellos, para vencer tal desigualdad.

Mientras el capitalismo permite que surjan resultados desiguales como consecuencias no planeadas de elecciones voluntarias, sus *instituciones* son democráticas y arraigadas en la igualdad de los derechos de todos. Mediante la protección a la libertad de todo el mundo de poseer propiedad, ganarse la vida, e intercambiar bienes y servicios con otros, eso sirve de defensa potente contra los privilegios y la autoridad de unos cuantos poderosos. El capitalismo tiende a distribuir la riqueza según la contribución de cada persona a la satisfacción de las necesidades de los otros, no por accidentes de nacimiento o acceso al poder político.

Los críticos pueden decir que la naturaleza democrática del capitalismo sirve de poco consuelo para los pobres, pero aquí los datos están claros: el Capitalismo ayuda al rico *y al pobre* a hacerse más ricos. Considere estos hechos:

Según una medida estándar de la desigualdad del ingreso, llamada la proporción Gini, la desigualdad en los Estados Unidos cayó aproximadamente un tercio entre los años 1870s y 1970s.

Según W. Michael Cox y Richard Alm, "la proporción de los pobres en los Estados Unidos, medidos por el consumo, cayó constantemente del 31 por ciento en 1949 al 13 por ciento en 1965 y al 2 por ciento al final de los 1980s."[34]

El nivel oficial de pobreza en los Estados Unidos (una medición por ingresos en dinero en vez de la medición por consumo de Cox y Alm) disminuyó del 13.8 por ciento en 1995 al 11.8 por ciento en 1999.

De acuerdo con el Instituto de Políticas de Empleo, "el 30 por ciento de todas las familias pobres y casi pobres (es decir, hasta dos veces el nivel federal de pobreza) en 1997 ya no era pobre o casi pobre para 1998. Para familias con ingresos bajo el nivel de la pobreza en 1997, casi la mitad había salido de la pobreza para 1998."[35]

El Capitalismo, en resumen, le da beneficios al pobre tanto como al rico.

Mito #4: el Capitalismo es intrínsecamente inestable. ¡Esto causó la Gran Depresión!

Muchos americanos perdieron la fe en el capitalismo durante la Gran Depresión, una época en que la gente que estaba dispuesta y en capacidad de trabajar no podía encontrar empleo. Las necesidades básicas y los deseos fueron insatisfechos. El capitalismo, a aquella generación, le parece cíclico e inestable, mientras el gobierno 'siempre está ahí' para ayudar."

Pero la aseveración de que el capitalismo es propenso a estallar y romper ciclos es, según el economista Murray Rothbard, "puro mito, que se basa no en la prueba, sino en la simple fe."[36] La Gran Depresión fue causada por desastrosas políticas del gobierno, no por demasiado poca interferencia del gobierno. El presidente Herbert Hoover, que es a menudo culpado por causar la Gran Depresión, era un defensor del gobierno grande, primero como Secretario del Comercio bajo el Presidente Warren G. Harding y luego como el Presidente. El presidente Franklin D. Roosevelt continuó y amplió las iniciativas erradas de Hoover, iniciando empresas arriesgadas dentro de la planificación centralizada que mutiló la economía nacional.

Milton Friedman y la coautora Anna Jacobson Schwartz documentaron varias acciones del gobierno que causaron la Gran Depresión.[37] Ellos incluyen la reducción del suministro del dinero en 1931 y otra vez en 1933; un gran aumento de los impuestos en junio de 1932; la devaluación del dólar, la cual causó el final pánico financiero; y los días feriados nacionales bancarios declarados por Roosevelt el 6 de Marzo de 1933, que derribaron la confianza pública tan enormemente que 5,000 bancos no se volvieron a abrir pronto después

que las vacaciones expiraron, y 2,000 cerraron permanentemente.

Los programas de Nuevos Tratos de Roosevelt perpetuaron la depresión imponiendo sobre las compañías pesados impuestos y obstáculos normativos, desanimando iniciativas individuales y corporativas. La recuperación económica finalmente vino con aumentos grandes de la oferta de dinero y compras de provisiones militares en gran escala, comenzando en 1940, por la Segunda Guerra Mundial. La guerra ayudó a levantar la economía estadounidense de la depresión sólo porque tantos recursos humanos como de capital en los Estados Unidos habían estado sin utilizar por las incompetentes políticas monetarias y fiscales del gobierno.

Mito #5: Las corporaciones obtienen ganancias excesivas a expensas de los consumidores y los trabajadores.

Muchas personas se oponen a que se permita que negocios privados operen las escuelas porque creen que los negocios rutinariamente se meten al bolsillo enormes sumas de dinero como ganancias, dejando menor disponibilidad para producir bienes y servicios realmente de calidad. En realidad, las ganancias habituales son muy modestas y tienen mucho mayor peso por los beneficios sociales que traen.

El promedio de ganancias corporativas anuales en los Estados Unidos, como se dijo antes, se clasificó desde debajo del 6 por ciento de la renta nacional hasta sólo el 9 por ciento desde 1968 hasta 1998. Después de tener en cuenta las pérdidas, el interés que podría haberse ganado simplemente invirtiendo el capital en sistemas de ahorros "sin riesgos," y un sueldo razonable para los empresarios, algunos economistas dicen que la ganancia total neta en cualquier año dado es probablemente cero o una pérdida neta.

Dejar hasta las ganancias ocasionales en las manos de quienes las ganan crea un enorme beneficio público. La esperanza de obtener grandes ganancias, no solamente ganancias promedio, inspira actos innumerables de toma de riesgos y experimentación que de otra manera no se darían. La confiscación de esas ganancias significaría mucho menos nuevas invenciones, nuevos productos, e innovaciones en procesos de distribución y producción.

Si no hay ninguna barrera legal para ingresar a un negocio, y si las

leyes contra el uso de fuerza o fraude se han hecho cumplir, no hay ninguna razón para suponer que las ganancias son excesivas. Si lo fueran, ¿Por qué no ingresaron los competidores en la industria por las perspectivas de ganancias similarmente altas? ¿Por qué la competencia entre ellos no bajó los precios hasta el costo de producción y las ganancias hasta cero o niveles "promedio"?

Mito #6: El Capitalismo es anti-obrero y anti-sindical.

La propaganda de los sindicatos de trabajadores retrata la historia del trabajo en los Estados Unidos como el desarrollo constante desde la "explotación" de los trabajadores no organizados por capitalistas despiadados hasta una paridad ganada con esfuerzo entre trabajadores sindicalizados y sus patrones. Tales historias se basan ampliamente en el trabajo de Karl Marx, socialistas ingleses como Beatrice y Sidney Webb, y la ficción de Charles Dickens y Upton Sinclair.

Los datos reales sobre expectativa de vida, consumo y otras medidas de la calidad de vida durante los primeros años de la revolución industrial en Gran Bretaña y los Estados Unidos contradicen tales afirmaciones. Los verdaderos ingresos per cápita en Gran Bretaña, por ejemplo, pasaron de $1,756 dólares en 1820 a $3,263 dólares en 1870, durante el mismo período en que Marx y los Webbs estaban afirmando que el capitalismo engañaba al trabajador promedio. Los trabajadores en los Estados Unidos experimentaron una mejoría similarmente profunda de su condición.

La fuente de esta mejoría en las condiciones de vida, como Thomas Sowell escribe, "no era la prohibición de los talleres donde se trabaja mucho por poco pago, sino el enorme aumento de la capacidad de generar riqueza que elevó a los trabajadores Americanos a niveles más altos de prosperidad a través de los años, mientras hacía posible que consumidores en el mundo entero compraran sus productos."[38]

Los sindicatos de trabajadores fueron formados por los trabajadores mejor pagados para que los mal pagados y los desempleados no entraran en su mercado ni disminuyeran el salario de los mejor pagados. Se presentaron peleas sindicales (y todavía se presentan) entre el sobreremunerado y el subremunerado, el calificado y el relativamente no calificado. Como Henry Hazlitt escribió, "Las protestas están siendo

utilizadas realmente, no tanto contra el patrón, sino contra otros trabajadores. Estos otros trabajadores están dispuestos a tomar los empleos que los viejos empleados han dejado, y por los salarios que los viejos empleados ahora rechazan."[39]

No es soprendente que el efecto de los sindicatos en gran parte ha sido cambiar el ingreso de trabajadores no calificados y menor pagados por el de trabajadores calificados y mejor- pagados. Frecuentemente, esto tiene alusiones raciales implícitas y hasta explícitas, como cuando los sindicatos en estados del norte trabajaron mucho para evitar la entrada de artesanos expertos Afroamericanos en la fuerza de trabajo.

"Todo esto no significa que los sindicatos no puedan cumplir ninguna función útil o legítima," escribió Hazlitt. En algunos casos puede ser más eficiente para un patrón trabajar con representantes de sus empleados en vez del esfuerzo de negociar con ellos individualmente. Eligiendo a compañeros de trabajo como sus representantes, los miembros del sindicato son más propensos a confiar en sus portavoces en aspectos relacionados con las condiciones y oportunidades de trabajo. Históricamente en los Estados Unidos, y todavía hoy en algunas circunstancias, los sindicatos desempeñan papeles importantes en la exigencia y el establecimiento de la protección de la salud y la seguridad de sus miembros.

Mito #7: El Capitalismo permite y recompensa el racismo y la segregación.

La interminable propaganda de la Asociación Nacional para el Avance de la Gente de Color (NAACP), la Unión Americana de Libertades Civiles (ACLU), y otras organizaciones de derechos civiles ha dejado mucha confusión entre la gente sobre el papel del capitalismo y el gobierno en el movimiento por los derechos civiles. Muchas personas creen que el capitalismo *causó* la esclavitud, y que el gobierno acabó con ella. Esto es falso.

El capitalismo no pudo ser la causa de la esclavitud, porque la esclavitud precedió al capitalismo como el orden social dominante en prácticamente todas las partes del mundo. La esclavitud fue característica de las civilizaciones clásicas de Atenas y Roma y es planteada y defendida en mucha de su gran literatura. La esclavitud fue

practicada sin importar la raza, en Europa, África, y Asia, y por los nativos de Norte y Suramérica.

La esclavitud estaba obviamente en desacuerdo con los principios y las exigencias del capitalismo: autopropiedad, libertad de mercado, contratos voluntarios, e igualdad. Todos los escritores clásicos liberales importantes, incluso Locke, Smith, Franklin, Jefferson, Madison, y Montesquieu, entendieron la aplicación universal de sus ideas y detestaron la esclavitud. Sus escrituras libertarias formaron la base para terminar la esclavitud en los Estados Unidos, aun si los Fundadores por sí mismos no se pusieron a la altura de las circunstancias de su tiempo.

¿Si el capitalismo no fue la causa de la esclavitud, cuál fue? La esclavitud en los Estados Unidos resultó del mito de la inferioridad racial Afroamericana escrito en la ley e impuesto por el gobierno. "La esclavitud se trataba en esencia de que una persona asumía poder absoluto sobre otra," a través de la fuerza bruta y la *violencia legalizada de su gobierno*," escribe Orlando Patterson (énfasis agregado).[40] "El esclavo era reducido en la ley y la vida cívica a la condición de no persona."

Después del final de la esclavitud en 1865, los gobiernos en el Sur establecieron la segregación aprobando las leyes de Jim Crow. El sociólogo William Julius Wilson, describiendo el período antes de la Segunda Guerra Mundial, escribe, "Excepto el breve período de relaciones fluidas en el Norte desde de 1870 hasta 1890, el estado fue un instrumento principal de la opresión racial."[41] Esto incluyó consejos escolares: en los años después de la Guerra Civil, según el historiador económico Jeffrey Rogers Hummel, los consejos escolares en el Sur actuaron como "motores de la explotación racial en la cual los impuestos de los negros pobres ayudaban a pagar por la educación de los blancos[42]," un modelo que según algunos continúa hasta este día.

Como la discriminación oficial y no oficial se terminó, los Afroamericanos volvieron al camino de la obtención de poder económico que les fue prohibido seguir durante casi un siglo. En 1995, la familia promedio Afroamericana de dos padres ganó el 87 por ciento de lo ganado por la familia Euroamericana promedio, con la mayoría de la diferencia explicada por la concentración de hogares Afroamericanos en estados del Sur relativamente más pobres. Las mujeres

Afroamericanas y las Euroamericanas ahora tienen ganancias casi idénticas. En 1998, la tasa de pobreza para Afroamericanos cayó al nivel más bajo desde 1959, cuando el gobierno comenzó a recoger datos.

En resumen

Es injusto pedirle a la gente que confíe en el capitalismo para educar a sus niños si ellos creen aunque sean pocos de los muchos mitos sobre el capitalismo hoy extendidos. En este capítulo tratamos de corregir siete de los más populares y erróneos de esos mitos.

El capitalismo no es un sistema "perfecto," si con perfecto queremos decir que satisface los deseos de toda persona o que corresponde en todo caso a nuestras esperanzas y expectativas. Ninguna economía podría pasar tal prueba. Pero este capítulo ha mostrado que el capitalismo es inocente de muchos de los cargos más serios elevados contra él.

Las empresas no obtienen ganancias, ni engañan, ni mienten, ni roban, ni tienden hacia el monopolio o la concentración. El capitalismo no les ha hecho daño a los pobres, a los trabajadores o a las minorías. Y la lección de la Gran Depresión no es que el capitalismo no es responsable y que el gobierno "siempre está ahí para ayudar," sino totalmente lo contrario: la interferencia del gobierno en las instituciones del capitalismo puede causar enorme dolor y sufrimiento para todos.

SEIS

Educación y Capitalismo

Ahora que hemos definido el capitalismo y hemos refutado siete de los mitos del anti-capitalismo más comunes, podemos volver a concentrarnos en la educación. ¿Son compatibles el capitalismo y la educación? ¿Podemos confiar en el capitalismo para educar a nuestros niños y a los de nuestros vecinos?

Comenzamos con una breve historia del capitalismo y la educación K-12 en los Estados Unidos, para ver cómo el capitalismo suministró escuelas de alta calidad en el pasado. Luego preguntamos si la competencia y la elección son apropiadas en la educación, si los padres son capaces de hacer elecciones concientes, y si las escuelas privadas tendrían suficiente espacio para todos los estudiantes que buscarían matricularse en ellas. Finalmente, nos referimos a las afirmaciones de que un sistema escolar "privatizado" dejaría de enseñar lecciones democráticas importantes y no proporcionaría la educación de calidad para niños de familias pobres.

Dos siglos de educación privada en América

Históricamente, la educación en los Estados Unidos ha sido suministrada por una combinación de instituciones gubernamentales, comerciales, eclesiásticas y otras entidades cívicas. Durante los dos primeros siglos después de la llegada de los primeros colonos, era la práctica común que los fondos públicos se destinaran a las escuelas privadas en la forma de donaciones de tierra y subsidios directos.

La tradición comenzó cuando la Corte General de Massachusetts (la legislatura de la Colonia de la Bahía de Massachusetts) aprobó dos leyes en los años 1640s. La primera ley hizo responsables a todos los padres y ministros de asegurar que los niños pudieran leer la Biblia y entender los principios de la religión y las leyes de la colonia. Conforme

a la segunda ley, se requirieron pueblos de 50 o más familias para crear escuelas primarias.

Con el pasar del tiempo, la religión fue "privatizada"—es decir se separó del estado—pero la separación de iglesia y estado no condujo a una separación similar de *escuela* y estado. Thomas Jefferson y otros prominentes Fundadores libertarios creían que los ciudadanos tenían que ser educados para la democracia, y ya que las iglesias controlaban la mayoría de las escuelas en la nueva nación, era necesario un ajuste. Que las escuelas privadas fueran poseídas y manejadas por individuos, grupos religiosos o iglesias no las descalificaría para ser consideradas instituciones "públicas" cuando se trataba de asuntos como la financiación.

La solución de los Fundadores era la financiación pública parcial, pero propiedad y manejo privados para casi todas las escuelas. Las escuelas fueron fundadas y operadas por organizaciones sin ánimo de lucro así como por entidades lucrativas que obtenían de las matrículas la mayoría de sus ingresos. El apoyo público se limitaba habitualmente a la ayuda para la matrícula del pobre.

Este sistema funcionó sumamente bien durante más de dos siglos. Los historiadores y los filósofos sociales, como Alexis de Tocqueville, se maravillaron por lo bien educados que estaban los americanos en cada nivel social y económico. El alfabetismo de los hombres adultos en 1795, se estima, era del 90 por ciento, y entre el 91 y el 97 por ciento en el Norte y el 81 por ciento en el Sur en 1840.[43] Estas tasas de alfabetismo son más altas que las de hoy, aunque las escuelas en aquella época funcionaban casi completamente sin financiación del gobierno. Además, las escuelas carecían de muchas de las ventajas de las escuelas de hoy, como gastos mucho mayores por estudiante, mejor nutrición y asistencia médica, más tiempo en el aula, y padres mejor educados.

Por desgracia, este sistema educativo altamente eficaz se acabó en la segunda mitad del siglo diecinueve. En 1837, el estado de Massachusetts creó una junta de educación cuyo primer secretario, Horace Mann, era el principal defensor nacional de retener fondos de escuelas privadas y dirigirlos en cambio a escuelas manejadas por el gobierno. El modelo de Mann para la reforma era el sistema escolar de la nación Prusa -una nación sin un gobierno democrático y cuyas

instituciones del capitalismo eran mucho menos avanzadas que las de los Estados Unidos.

El modelo de Mann de control centralizado y uniformidad de estándares impuestos por el estado mejoró la situación y los salarios de profesores, que se hicieron una fuerza cabildeante importante para la adopción del modelo en todo el país. Los sentimientos anticatólicos llevaron a que la mayoría de estados enmendara sus constituciones para restringir o prohibir la ayuda del gobierno a las escuelas privadas. Para finales del siglo diecinueve, la actual programación de conceder un casi monopolio sobre la financiación pública a las escuelas del gobierno se había establecido en casi todos los estados de la Unión Americana. Dos excepciones a esta tendencia eran Vermont y Maine, los cuales permiten aún hoy que fondos del gobierno se destinen al pago de la matrícula de estudiantes que asisten a escuelas privadas (aunque no a escuelas religiosas).

La historia revela que durante dos siglos, América se apoyó en el capitalismo en vez del gobierno para proporcionar la educación K-12. Las escuelas durante aquel período eran por lo general manejadas privadamente y competían por los estudiantes, aunque ellos a menudo recibían algunos subsidios públicos. Durante aquel tiempo, América era conocida en todo el mundo por el nivel alto de alfabetismo entre su población.

Educación, competencia y elección

Si la oferta de escuelas K-12 se apoyara en el capitalismo en vez del gobierno, las escuelas tendrían que satisfacer a los padres para mantenerse en el negocio. La competencia y la elección recompensarían a administradores y profesores (e inversionistas, si las escuelas son con ánimo de lucro) que encuentren las mejores formas de producir los resultados que los padres quieren del modo más eficiente posible. Las escuelas que consistentemente produzcan resultados académicos pobres encontrarían cada vez más difícil el atraer a estudiantes o cobrar lo suficiente para cubrir sus gastos.

La competencia y la elección están funcionando ya para entregar escuelas de alta calidad. Como Melvin Borland y Roy Howsen han señalado, "de las políticas que promueven o permiten la competencia

se puede esperar que produzcan niveles altos de logros de los estudiantes."[44]

Belfield y Levin, en su estudio de la competencia "accidental" entre las escuelas del gobierno en pequeños distritos, encontraron que los beneficios incluyen aumento en calificaciones de las pruebas, cantidad de graduados, eficacia (resultados por unidad o por gasto por estudiante), y hasta en los salarios de profesores, precios de alojamiento en el área circundante, y salarios de adultos. La diferencia era más pronunciada para las mismas escuelas muy pobres que reportaron el 75 por ciento o más de sus matriculados elegibles para el almuerzo escolar gratis o subsidiado.

Muchos educadores profesionales se resisten a creer que la competencia funciona en la educación. El sesenta y cuatro por ciento de los profesores que respondieron a una encuesta sobre Agenda Pública en 1997 dijo que las escuelas deberían evitar la competencia.[45] Ellos creen que es mejor basarse en la motivación intrínseca que en los incentivos financieros para hacer que los educadores hagan lo mejor posible.

La capacidad de la motivación intrínseca para hacer grandes cosas está a disposición claramente en los trabajos del profesor de matemáticas de Los Ángeles Jaime Escalante o de "la trabajadora milagrosa" de Chicago, Marva Collins. Ellos produjeron resultados tremendos a través de la pura fortaleza de carácter y la fuerza de voluntad, contra los obstáculos aparentemente imposibles de superar. Pero esto es alto elogio a estas destacadas personas, no crítica, reconocer que los demás no tienden a imitar sus resultados. Como James Toub ha dicho, "resulta que casi todo puede funcionar cuando es instituido por un dedicado director apoyado por profesores comprometidos…, pero cualquier método que depende de un Jaime Escalante no es en absoluto un método."[46]

En la vida real, la mayoría de las ocupaciones varían mucho la compensación con base en las horas trabajadas y en la habilidad. Incluso las profesiones que son altamente exigentes y creativas, como la cirugía y la música, hacen amplio uso de variaciones en el ingreso más bien que de la motivación intrínseca para conseguir la mejor labor de quienes la realizan. Para sobresalir en la música, la medicina, o los

deportes se requiere práctica larga y disciplinada, lo cual algunas personas harán simplemente por el amor al oficio, pero muchas no lo harán.

Los padres pueden hacer elecciones concientes

Algunos críticos se preguntan si los padres son lo suficientemente inteligentes o motivados, para elegir las escuelas para sus hijos. Amitai Etzioni, un sociólogo prominente, advirtió "hay peligros en la introducción simplista de la competencia dentro de las áreas de servicios humanos. En estas áreas, el conocimiento del consumidor es por lo general limitado; es más difícil para los padres evaluar la educación que, digamos, una lata de frijoles."[47]

Nadie sostiene que la elección de la mejor escuela para un niño es tan fácil como la elección de "una lata de frijoles." Pero la necesidad de información sobre bienes y servicios complejos no es escasa en el mercado. Es normalmente dominada por la experiencia, la reputación del productor, las certificaciones, las garantías y las fuentes personales y públicas de información.

Cuando los bienes y los servicios suministrados por firmas del sector privado son caros y difíciles de evaluar para los consumidores, y cuando las consecuencias de elecciones pobres son especialmente costosas o plantean una amenaza para la salud y la seguridad (como en los casos de coches, alojamiento, y asistencia médica), las mini-industrias privadas han surgido para proveer a los consumidores información confiable, para evaluar y clasificar instituciones, bienes y servicios, y para manejar pruebas de seguridad y desempeño. Esperaríamos que ocurriera lo mismo con las escuelas si fueran mayoritariamente privadas.

Bajo el sistema escolar actual, sólo un pequeño número de padres es capaz de elegir (sin recargo financiero) las escuelas a las que sus hijos asistan, y a menudo no se les da la información que necesitan para tomar decisiones plenamente concientes. Pero los fracasos del sistema actual no deberían ser usados para condenar el movimiento hacia un nuevo sistema en el que las elecciones serían mucho menos obstaculizadas, y en el que la demanda de tal información sería mucho más fuerte. Pruebas disponibles sugieren que los padres, cuando se les

permite elegir, hacen las elecciones correctas para sus niños.

Las escuelas privadas tienen suficiente espacio

En el Capítulo 2 presentamos pruebas que seis de cada 10 padres elegirían escuelas privadas para sus niños si no los obligaran a pagar dos veces, una a través de impuestos escolares y otra a través de la matrícula en las escuelas que elijan. ¿El suministro de escuelas privadas aumentaría lo suficientemente rápido para seguir el ascenso de la demanda ocasionada por un programa de vales?

Los vales no aumentarían el monto de la demanda educativa, pero simplemente cambiarían la mezcla de la educación gubernamental y la privada. Los recursos, incluso de instalaciones y de personal, serían liberados del sector público en cantidades aproximadamente iguales a su adquisición por el sector privado. Mientras que las políticas públicas no mantengan vacías las escuelas del gobierno abiertas, habría suficientes profesores y escuelas para seguir acomodando a cada niño aun si no se dispusiera de nuevos recursos.

Hay más noticias buenas. La educación privada K-12 constituye una parte muy pequeña de un mercado que incluye escuelas de pre-kinder y K-12, educación técnica y comercial, y enseñanza superior, del gobierno y privadas. Además, aunque crecieran rápidamente, las escuelas privadas K-12 se basarían en un conjunto mucho más amplio de recursos humanos y de capital. Por consiguiente, esperaríamos ver poco efecto sobre los salarios o el costo de alquilar instalaciones.

Finalmente, alrededor de 200,000 nuevos profesores entran al mercado cada año, con una parte creciente de ellos certificados por colegios alternativos o tradicionales de profesores. Rompiendo el monopolio de los colegios en la capacitación de los profesores y reduciendo la fuerza de los sindicatos en las escuelas se ampliaría grandemente el número de personas que ingresan a la profesión de la enseñanza, especialmente en campos como ciencias informáticas, matemáticas, y ciencia.

Por todos estos motivos, creemos que es razonable predecir que el suministro de escuelas privadas podría ampliarse lo suficientemente rápido para absorber la nueva demanda creada por los vales escolares.

Enseñando valores democráticos

Paul Hill, Lawrence Pierce, y James Guthrie sostienen que los vales permitirían a las escuelas privadas y a los padres ignorar "los estándares comunitarios más amplios" necesarios para una sociedad democrática.[48] De hecho, es el actual sistema el que hace un trabajo pobre en la enseñanza de valores democráticos.

Según una evaluación de 1998 a los estudiantes de cuarto, octavo y duodécimo grado realizada por la Evaluación Nacional del Progreso Educativo, solamente uno de cuatro estudiantes estadounidenses se clasificó "muy competente" o "avanzado" en su entendimiento cívico. Más de la mitad de los estudiantes Afroamericanos calificó "menos que básico," lo que significa que eran incapaces de contestar correctamente hasta preguntas simples sobre la organización del gobierno, la Constitución Estadounidense, y el papel de los ciudadanos en una democracia.

En contraste, los estudiantes que asisten a escuelas privadas califican bastante más alto en exámenes de educación cívica y son más propensos a participar en el servicio comunitario. Los estudiantes que asisten mediante becas privadas o programas públicos de vales a escuelas de su elección obtienen calificaciones más altas que sus homólogos de escuelas del gobierno en varias mediciones de tolerancia y preocupación cívica.

Aquellos que creen que las escuelas dirigidas por el gobierno son necesarias para enseñar valores democráticos pasan por alto el papel de las escuelas como instituciones valiosas del pluralismo. Las escuelas, como las iglesias y los periódicos, son instituciones mediadoras capaces de realizar sus tareas vitales sólo si son libres de criticar a funcionarios e ideas populares sin temor a represalias. Los administradores y los empleados de escuelas del gobierno difícilmente están en esta posición.

El control gubernamental sobre la mayoría o todas las escuelas en una sociedad libre destruye la independencia de sus ciudadanos y de las instituciones mediadoras que ayudan a crear y a proteger la democracia. John Stuart Mill indicó el peligro hace más de cien años atrás:

Una educación estatal general es una mera invención para moldear a la gente para parecerse exactamente el uno al otro; y

*mientras el molde en el cual se les encasilla sea el que complace
al poder predominante en el gobierno... se establece un
despotismo sobre la mente, que conduce por tendencia natural a
uno sobre el cuerpo*[49]

¿Quién educaría a los pobres?

Los educadores han sido particularmente escépticos a la idea de que las
escuelas privadas servirían al necesitado. Paul T. Hill y sus colegas
escriben, "Qué empresario que busca ganancia podría ser confiable para
mantener un manejo solvente de una escuela en una área cargada de
violencia, huelgas, mala salud e inestabilidad familiar? ¿Qué
inversionista decidiría construir una escuela en un centro urbano cuando
podría recaudar una cantidad similar por alumno en un suburbio
apartado menos convulsionado?"[50]

Esta preocupación por el destino de los pobres se equivoca en
muchos aspectos. La competencia y la elección del consumidor
implican que los empresarios puedan aspirar a obtener las mismas
ganancias a largo plazo suministrando una educación de bajo costo
mediante matrículas económicas como las obtendrían proporcionando
educación de alto costo mediante matrículas caras. Es fácil, pero
incorrecto, asumir que el productor de una mercancía cara obtiene
ganancias mayores que el productor de una mercancía de más bajo
precio.

Además, si la educación fuera completamente privatizada, los
gobiernos no tendrían que recaudar aproximadamente $364 billones por
año en impuestos para financiar las escuelas. El recorte de impuestos
permitiría a más familias de ingresos bajos y medios pagar la matrícula
en escuelas privadas. Una reducción de impuestos tan grande
estimularía también un aumento mayor en las donaciones de caridad,
muchas de ellas destinadas probablemente a escuelas para niños de
familias de ingresos bajos.

Los críticos de la educación basada en el mercado también asumen
que las escuelas privadas gastarían tanto como las del gobierno hoy,
haciéndolas inaccesibles para muchas familias. Pero las escuelas
privadas hoy gastan apenas casi la mitad del promedio de lo que gastan

las escuelas del gobierno, a pesar de que tienen que competir contra las escuelas del gobierno por profesores y otras inversiones caras. En un sistema privatizado es probable que muchas escuelas gasten menos de lo que las escuelas de gobierno gastan ahora, implicando que más familias de bajos y medios ingresos puedan pagar la matrícula.

Un cuarto error es asumir que sólo habría escuelas con ánimo de lucro compitiendo por estudiantes. Muchas escuelas religiosas y sin ánimo de lucro seguirían persiguiendo sus objetivos filantrópicos manteniendo sus puertas abiertas a niños de familias pobres. La existencia de un amplio sector sin fines de lucro en Estados Unidos—sólo las fundaciones reportaron activos de $448 billones en 1999—es testimonio de que billones de dólares en "negocios" al año son manejados por entidades cuya misión es distinta al lucro.

Finalmente, pocos defensores del capitalismo propenden por poner fin completamente al papel del gobierno en la educación. Existe un amplio consenso para mantener "una red de protección" de programas de bienestar para personas que no pueden proporcionárselo ellos mismos ni a sus hijos. Los vales escolares son una manera como esto se podría hacer.

En resumen

La historia de la educación y el capitalismo muestra que el capitalismo puede proporcionar realmente un sistema de escuelas K-12 de alta calidad, *sin* que el gobierno maneje la mayoría de las escuelas. La competencia y la elección son apenas tan apropiadas y necesarias en la producción y la operación de las escuelas como otros bienes y servicios. De hecho, hasta en el sistema actual, donde la competencia y la elección son severamente limitadas, las escuelas son mejores en áreas donde se permite que haya aunque sea un nivel modesto de competencia.

Un sistema de educación competitivo desarrollaría valores democráticos genuinos que muchos críticos del capitalismo elogian con palabras, pero cuya existencia en escuelas del sector privado parecen ignorar o denigrar. Las objeciones basadas en el destino de los pobres reflejan anticuadas posiciones ideológicas fácilmente refutadas mediante la observación de cómo funcionan los mercados y la privatización en el mundo real.

Como Diseñar
Programas de Vales

U n programa de vales, John Chubb y Terry Moe escribieron, "es una reforma autónoma con su propio racionamiento y justificación. Tiene la capacidad de causar *todo por sí misma* la clase de transformación que, durante años, los reformadores han estado buscando gestionar de otras mil maneras."[51] [énfasis en el original]

Los programas de vales públicamente financiados han funcionado durante más de un siglo en los estados de Vermont y Maine, permitiendo a más de 12,000 estudiantes asistir a escuelas privadas cada año. Los programas son populares y académicamente exitosos. Los programas piloto de vales en Milwaukee y Cleveland matriculan a aproximadamente 17,000 estudiantes, una vez más con resultados académicos favorables y padres satisfechos. Un programa similar que apunta a alumnos preescolares de ingresos bajos en Nueva Orleans podría incorporar hasta 1,400 estudiantes. Ese programa puede ser pospuesto debido a un desafío legal presentado por la Unión Americana de Libertades Civiles.

Florida ha decretado la legislación que otorga vales a estudiantes de las escuelas del gobierno con pobre rendimiento para que puedan asistir a escuelas en otras partes. La amenaza de la competencia y la elección fue tan eficaz que cada escuela del gobierno en el estado evitó una calificación "F" en las libretas de calificación en el año 2000, ya que tal resultado habría disparado la elegibilidad para los vales. Varios cientos de familias son elegibles para participar en el programa, y miles de familias se harán elegibles cuando los estándares para escuelas públicas sean gradualmente aumentados en los próximos años.[52] Un programa

aparte en Florida, el Programa de Beca McKay para Estudiantes con Discapacidad, ofrece vales por valor entre $5,000 y $17,000 dólares hasta el monto de la matrícula de una escuela. Se espera que unos 4,000 niños usen los vales en 2002-2003.

Como estos ejemplos muestran, los programas de vales pueden establecerse de muchas maneras diferentes. Este capítulo no intenta describir "el plan de vales perfecto," ya que tal cosa seguramente no existe. Los estados y las comunidades llegarán a diferentes conclusiones sobre cómo financiar mejor sus escuelas. Aquí, presentamos sólo recomendaciones generales sobre algunos de los principales elementos de cada plan de vales. La legislación y los proyectos modelo mencionados en esta exposición se pueden encontrar en Internet en la serie de asuntos de Educación del Instituto Heartland en www.heartland.org.

Introducción progresiva y crecimiento

Dos compromisos comúnmente asumidos por los defensores de los vales coinciden en *introducir progresivamente* un plan de vales ambicioso por varios años, o la adopción de un plan *crecientemente*, comenzando con proyectos que podrían beneficiar sólo a pequeñas cantidades de estudiantes o limitar la participación a sólo algunos tipos de escuelas, y hacerle seguimiento a la legislación para ampliar los programas.

Casi todas las propuestas de vales contienen medidas de introducción progresiva, por lo general dentro de límites de dos a 10 años. Las medidas de introducción progresiva pueden determinar qué elegibilidad se restringe al principio para estudiantes de ingresos bajos, estudiantes en una ciudad particular o distrito escolar, o estudiantes que asisten a escuelas del gobierno que fallan. O pueden requerir que el tamaño del vale sea pequeño al principio y luego aumentarlo gradualmente. Un plan puede ser introducido progresivamente limitando la elegibilidad a niveles de uno o dos grados en el primer año, agregando uno o dos grados cada año.

El crecimiento, en contraste, consiste en buscar la aprobación de planes muy limitados sin medias para la extensión posterior. Los partidarios de la elección introducirían la *nueva* legislación en una

futura fecha para ampliar el programa. Ellos esperan que el programa limitado cree la información conciente y el apoyo necesarios para la aprobación de programas más ambiciosos. Como ejemplos de crecimiento están los programas de vales en Milwaukee, Cleveland, y Florida.

La mayoría de los defensores de la elección aceptan restricciones geográficas o por ingresos sobre cuáles familias pueden participar cuando sea necesario en las primeras etapas de un programa de elección introducido progresivamente. Pero se oponen a limitaciones a los proveedores, como prohibiciones sobre la participación de escuelas religiosas y con ánimo de lucro. Las escuelas privadas más exitosas en los Estados Unidos hoy son de filiación religiosa, y la presencia de escuelas con ánimo de lucro estimula el desarrollo de prácticas de administración eficientes en la educación, ayudando a mantener bajos los gastos a los contribuyentes y aún a reducírselos. La cantidad y la variedad de nuevas escuelas en un plan de elección se mejorarían con la participación de escuelas con ánimo de lucro.

El Valor de los vales

Ajustar los vales a o ligeramente por debajo de los niveles de gasto de las escuelas del gobierno daría alivio financiero total para la mayoría de los padres que eligen escuelas privadas, animaría a la mayoría de las escuelas privadas existentes a participar en el programa de vales, estimularía la creación de nuevas escuelas y ejercería gran presión para que las escuelas del gobierno mejoren. Los vales para estudiantes de escuela media y secundaria podrían ponerse más altos que para los estudiantes de elemental, reflejándose en gastos y matrículas más altas en las escuelas de educación media y secundaria, tanto del gobierno como privadas.

Para evitar el aumento de impuestos o reducir los gastos por alumno de las escuelas del gobierno, algunas propuestas de vales establecen una monto inferior de los vales para escuelas privadas y bien no requieren que las escuelas del gobierno participen en el programa o igualan los vales de las escuelas del gobierno a su nivel actual de gastos por alumno. Esto puede ser llamado un acercamiento de dos filas, ya que las escuelas de gobierno y las privadas son tratadas diferentemente.

El tratamiento especial dado a las escuelas de gobierno en el acercamiento de dos filas se puede justificar considerando cargas especiales que las escuelas del gobierno deben soportar, como los acuerdos de negociación colectiva con su personal y la regulación e intervención de consejos escolares y agencias del gobierno estatal. Ya que las escuelas privadas actualmente gastan por alumno aproximadamente la mitad de lo que gastan las escuelas del gobierno, sus vales inferiores pueden ser todavía suficientes para cubrir la matrícula. Desde luego, un programa de vales de dos filas que dé menos alivio financiero a los padres que eligen escuelas privadas de altos gastos, estimularía menos la creación de nuevas escuelas, y ejercería menos presión de competencia para que las escuelas del gobierno mejoren.

Algunas propuestas establecen vales de un valor más alto para los estudiantes de ingresos bajos que para otros estudiantes. Tal tratamiento especial puede justificarse porque los estudiantes de ingresos bajos son los peor atendidos por las escuelas del gobierno, viven en comunidades donde el costo de entregar una educación de alta calidad puede ser alto, y pueden ser más propensos a tener dificultades de aprendizaje u otros problemas que hacen más cara su educación.

Adiciones a la matrícula

Estrechamente relacionado con la cuestión de cuánto debería costar un vale está si se les debería permitir a las escuelas participantes cobrar más del precio de los vales. Mientras menos valgan los vales escolares, mayor es la necesidad de permitir adiciones a la matrícula.

Quienes se oponen a los vales, y algunos defensores también, rechazan adiciones a las matrículas por temor a que se empeore la estratificación socioeconómica y la segregación racial en la educación. Tales temores pueden ser sinceros, pero parecen estar fuera de lugar. De las escuelas privadas se puede esperar que compitan por niños sin importar su raza, pertenencia étnica, o religión, y un programa de vales correctamente diseñado las animaría a competir tanto en precio como en calidad. Las escuelas privadas en la mayoría del país no se caracterizan por la segregación étnica o social. Muchas ya educan cantidades grandes de estudiantes de minorías y de ingresos bajos. Por

algunas medidas, las escuelas del gobierno en ciudades principales son más segregadas que las escuelas privadas.[53]

Si no se permite que los padres le adicionen a sus vales, algunas escuelas decidirían no participar en el programa de vales. La cantidad de escuelas depende de qué tan alto sea el valor de los vales, pero esto necesariamente conduce a menos opciones para los padres, menos competencia entre las escuelas, y menos responsabilidad para con los padres. Las adiciones a las matrículas pueden tener también la ventaja de atraer mayor participación y compromiso de los padres en la educación de sus niños.

Fuentes de Financiación

En la mayoría de estados hoy, aproximadamente la mitad del dinero asignado para la educación elemental y secundaria es tomada del nivel estatal. Estos fondos son asignados según formulas complicadas que procuran "igualar" la financiación entre distritos escolares con diferentes capacidades para recaudar impuestos. Los planificadores de vales deben considerar si bien "valerizan" tanto los fondos estatales como locales o solamente una fuente de financiación, y si bien hay que proponer la reforma a la mezcla actual de la financiación estatal y local.

Los patrones actuales de financiación de escuelas son el resultado de muchos años de negociación entre distritos electorales poderosos sobre lo que la ley requiere, cuánto se gasta, y quién debería pagar impuestos escolares. El apoyo político a los programas actuales de financiación puede ser muy fuerte, lo cual justifica que "no se despierte al perro que duerme."

Algunos defensores de los vales son desconfiados de que se centralice la financiación en manos de gobiernos estatales, ya que los sindicatos de profesores y las burocracias de la educación son a menudo mejor organizados para ejercer presión en los congresos estatales. Los contribuyentes son acertadamente escépticos ante ofertas de "cambio" de impuestos estatales más altos por alivios al impuesto a la propiedad, ya que tales esquemas por lo general dejan a los contribuyentes pagando más. El cambio de la responsabilidad del gobierno local al estatal para financiar las escuelas puede tener también el efecto de castigar comunidades que toleran molestias, como las centrales nucleares o los

botaderos de basuras, a cambio de los ingresos fiscales que ellos generan.

La pregunta de si los fondos federales pueden incluirse en los vales la responderá probablemente el Secretario de Educación de los Estados Unidos o el Congreso. Si se intenta incluir fondos federales, el plan de vales probablemente terminará en las cortes federales. La fuerte inclinación de las cortes federales, incluso la Corte Suprema de los Estados Unidos, a aplicar pesadas regulaciones a cualquier institución beneficiaria de la ayuda federal, aunque sea indirecta, puede hablar en contra de la inclusión de fondos federales.

Cuentas de Ahorros para la Educación

Los vales podrían llevar al alza en las matrículas, mientras las escuelas privadas que gastaron y cobraron previamente menos del monto de los vales podrían aumentar sus gastos y matrícula hasta la cantidad máxima permitida. Ya que los padres serían aislados del costo verdadero de la educación que sus hijos reciben, no serían compradores concientes de los precios, y un elemento importante del modelo de mercado se perdería.

Para dirigirse a esta preocupación, las propuestas de vales deberían asegurar Cuentas de Ahorros para la Educación (ESAs): cuentas de ahorros personales, establecidas en nombre de cada estudiante calificado, en la cual los padres pueden depositar la diferencia entre el precio de los vales y la matrícula real cobrada. Si un vale costara $7,000 dólares, por ejemplo, y un padre eligió una escuela que cobra $6,000 dólares, la diferencia de $1,000 dólares sería depositada en la ESA del estudiante.

Se permitirían retiros de la ESA sólo para la matrícula, clases particulares, y otros gastos educativos del estudiante, hasta que éste llegue a cierta edad (frecuentemente se recomiendan 21 o 23 años), cuando algo quede en la cuenta se revertiría a los contribuyentes.

Las cuentas de ahorro individual son una comprobada y popular aproximación al fortalecimiento de los consumidores. Millones de adultos usan las Cuentas de Jubilación Individual (IRA) con el fin de ahorrar para su retiro, y decenas de miles de personas califican para Cuentas de Ahorros Médicas (MSAs), en las cuales los empleadores

hacen depósitos regulares y con las cuales los empleados pueden pagar facturas médicas. El dinero que se acumula en estas cuentas está libre de impuestos.

Las Cuentas de Ahorros de Educación podrían ser la clave para elaborar el concepto de vales más popular entre padres habitantes de suburbios que piensan que sus escuelas del gobierno son de alta calidad pero imponen demasiada carga tributaria. Los gastos por alumno para escuelas secundarias de suburbios a menudo exceden los $12,000, más aún de lo que las escuelas privadas relativamente caras cobran normalmente por la matrícula. Muchos padres serían tentados a matricular a sus hijos en una escuela privada que cobre, digamos, $8,000, y colocar los $4,000 restantes en la ESA del estudiante para usarlos en la matrícula del colegio.

Impacto fiscal

Los programas de vales diseñados que aumentarían los costos a los contribuyentes, serían "ingresos neutros," y producirían alivios tributarios. El cálculo del costo exacto de un programa de vales es el asunto menos importante ya que depende del diseño del programa, que incluye restricciones y obligaciones de estudiantes y escuelas, cuántos padres usarían el programa para trasladar a sus hijos, y la naturaleza y el costo de las nuevas escuelas que surgirían. Sin embargo, a menudo se requieren cálculos antes de que se asegure la aprobación política.

Considere un programa de vales teórico para la ciudad de Chicago. ¿Qué pasaría con el total de los gastos si se ofreciera un valor promedio de $5,000 para los vales—suficiente para cubrir el 100 por ciento del costo de la matrícula en una escuela privada?

Si todos los 126,000 alumnos que ahora asisten a escuelas privadas en Chicago aceptaran el vale, y si el número de estudiantes que eligen escuelas privadas se duplicara, entonces 252,000 estudiantes serían elegibles para vales:

 # de estudiantes: 126,000 x 2 = 252,000
El costo de entrega de los vales sería $1.26 billones:
costo de los vales: 252,000 x $5,000 = $1.26 billones

El presupuesto anual de las Escuelas Públicas de Chicago (CPS) entre 2001 y 2002 fue $4.38 billones, y la inscripción fue 437,618, para un gasto por alumno de aproximadamente $10,000. Si 126,000 estudiantes se cambiaran a escuelas privadas, CPS ahorraría $1.26 billones:

Costo anual evitado: 126,000 x $10,000 = $1.26 billones

Al restar los gastos evitados del costo de los vales se descubre que el programa no le costaría a los contribuyentes absolutamente nada:

costo neto: $1.26 billones - $1.26 billones =$0

Realmente, este programa de vales hipotético le *ahorraría* probablemente a los contribuyentes millones de dólares al año porque asume que el 100 por ciento de los estudiantes actualmente matriculados en escuelas privadas elegiría usar los vales. Otros programas de ayuda social normalmente involucran a cerca del 80 por ciento de los elegibles. Si los padres del 20 por ciento de estudiantes que asisten a escuelas privadas decidieran no usar los vales, los contribuyentes ahorrarían $252 millones al año:

ahorros de los contribuyentes: 50,400 x $5,000 = $252 millones

El valor de los vales se podría aumentar, para tener en cuenta la matrícula más alta de las escuelas seculares (no religiosas), y se haría un nuevo cálculo. Cualquier costo neto se podría extender por varios años introduciendo el programa progresivamente, o financiarse mediante una congelación de uno o dos años sobre los gastos por alumno en las escuelas del gobierno.

Pruebas y vales

Las solicitudes de estándares académicos se mezclan frecuentemente con peticiones de sistemas de control vertical—con lo cual los proponentes quieren decir que se permita que el gobierno produzca las pruebas e intervenga la operación de las escuelas cuyos estudiantes

dejan de mostrar niveles aceptables de progreso. Esto ha conducido a una fuerte oposición de los educadores, así como de grupos defensores de la familia que desconfían de la educación basada en resultados y de la penetración de la "rectitud política" en las escuelas.

La elección proporciona una respuesta a esta objeción. "Los sistemas basados en la elección pueden hacer más fácil el juzgar el desempeño escolar," escribe Frederick Hess, "mediante la descentralización de labores y el requerimiento de que sólo las familias juzguen la calidad de las escuelas que ellas usan. Bajo la selección, mientras la medida se aplique para recoger y distribuir la información sobre el desempeño escolar, padres y estudiantes castigarán teóricamente a las escuelas que no se desempeñen adecuadamente, llevándose su negocio a otra parte."[54]

El tipo de prueba que funcionaría mejor con un sistema de vales se llama examen externo basado en el plan de estudios, o CBEE. Tales exámenes miden lo que realmente enseñan en las escuelas. Son producidos y administrados por personas de afuera, o externos a la escuela y el distrito escolar para proteger a profesores y administradores de los conflictos de intereses inherentes a tener simultáneamente que establecer estándares, medir desempeño y responsabilizarse de los resultados. Ejemplos de este tipo de pruebas son los Exámenes Avanzados de Ubicación y los Exámenes del Regente de Nueva York.

Los exámenes externos basados en el plan de estudios deberían ser elaborados por empresas con y sin ánimo de lucro, no por agencias del gobierno. En un mercado competitivo para evaluar servicios, las empresas que bajen estándares o cambien sus pruebas con demasiada frecuencia perderían rápidamente su credibilidad y su participación en el mercado.

Los exámenes externos basados en el plan de estudios crean la información y los incentivos que el estudiante, los padres, los profesores, y los administradores necesitan para tomar decisiones que estimulan los logros académicos. La elección escolar crearía un ambiente que recompense las decisiones que estimulan los logros y castigue las decisiones que disminuyan esos logros. Juntos, los CBEEs y la elección escolar proporcionan una solución prometedora al problema del fracaso escolar.

Evasión de nuevas regulaciones

Los defensores de los vales y los opositores por igual, están cada vez más de acuerdo en que la regulación excesiva y los mandatos no académicos perjudican la calidad de las escuelas del gobierno. Los programas de vales deberían ser diseñados para asegurar que las escuelas privadas conserven su autoridad sobre el plan de estudios; la selección de manuales; las políticas de admisión, permanencia y disciplina; las políticas de personal, incluso los contratos de trabajo. Las escuelas privadas deberían seguir exentas de estatutos que garanticen la permanencia de los profesores y la renovación de contrato, y que restrinjan las transferencias y degradaciones.

Se pueden tomar cuatro acciones específicas para reducir la amenaza de la regulación aumentada en las escuelas privadas. La primera y más propensa a tener éxito es el lenguaje constitucional que establece el derecho de las escuelas privadas a la autonomía. Varias enmiendas constitucionales propuestas que establecen programas de vales "congelan" las exigencias reguladoras a aquellas vigentes en una determinada fecha, y luego exigen la votación de una súper mayoría de legisladores del estado para aprobar nuevas reglas.

Segundo, se puede escribir la legislación de los vales para dar a quienes se oponen a la regulación los recursos y el estatus legal que necesitan para proteger la autonomía escolar. La Enmienda de California de 1996 a la Libertad Educativa es un buen ejemplo de una iniciativa de vales que contiene tal lenguaje.

Una tercera manera es exigir que cualquier organismo gubernamental con poderes reguladores sobre escuelas privadas participantes tenga una membresía equilibrada entre los intereses escolares del gobierno y los privados. Esto se cumple, por ejemplo, mediante normas incluidas en propuestas como la Educard de Missouri y El Derecho de Aprender, de Louisiana.

Una manera final para limitar las regulaciones es combinar con el plan de vales una iniciativa para desreglamentar las escuelas del gobierno. Los críticos del plan de vales dicen que las escuelas privadas ligeramente reguladas disfrutarían de una ventaja competitiva injusta sobre las escuelas de gobierno, las cuales llevan sobre sus hombros muchas regulaciones a cambio de su financiación pública. La solución

no es la adhesión a un status quo que falla demostrablemente, sino desreglamentar las escuelas de gobierno.

Educación doméstica

La educación doméstica es una probada y eficaz alternativa para más de un millón de niños. Como cuestión de imparcialidad, los educadores domésticos tienen el mismo derecho a la ayuda financiera que los padres que eligen otras clases de educación privada. La diferencia es difícil de plantear entre una escuela diminuta con políticas innovadoras y un grupo de familias que educan en casa quiénes cooperan con proyectos de ciencia, salidas de campo, y otras actividades.

Quienes se oponen a los vales para educadores domésticos destacan dos reservas: que algunos padres abusarán del programa usando el vale para pagar gastos sin relación con la educación -quizás hasta droga o alcohol- y que los mejores intereses de los niños no pueden ser atendidos si sus logros y su progreso (o necesidades especiales y discapacidades) no pueden ser evaluados por la gente fuera de la familia. El temor en el último caso, reforzado por la información de los medios sobre familias que procuran retener el tratamiento médico para sus hijos con fundamentos religiosos, es a que la intervención conveniente o necesaria del estado se realiza con menor probabilidad cuando los niños son educados en la casa, más bien que en escuelas formales.

Aquellos temores son generalmente injustificados, pues se les ha concedido a las autoridades gubernamentales locales o estatales poder suficiente (en algunos casos excesivos) para prevenir tales abusos. Sin embargo, la provisión de vales a educadores domésticos puede aumentar la posibilidad de fraudes, ya que los padres, y no las instituciones escolares, recibirán reembolsos en efectivo. Como resultado se pueden establecer condiciones más estrictas para la supervisión del gasto, pero en ningún caso se establecen criterios educativos más estrictos.

Algunos educadores domésticos son ferozmente independientes y procuran evitar cualquier interferencia indebida del gobierno. Como resultado, ellos preferirían no aceptar vales, y unos hasta se oponen a la legislación de vales por temor a que esto conduzca a una mayor

vigilancia pública a la educación doméstica y más regulación. El intento de incluir beneficios para educadores domésticos en la legislación de vales puede ser contraproducente, como ocurrió en Oregon, donde los educadores domésticos se opusieron a una oferta de crédito tributario por matrícula debido a amenazas de funcionarios escolares del gobierno de aumentar la regulación de los educadores domésticos si la iniciativa se aprobaba.

Puede ser posible dirigirse a las preocupaciones de los educadores domésticos en las normas para la desreglamentación. Un proyecto de vales presentado en 1987 en Montana, por ejemplo, establecía que, "la educación doméstica de los niños es un derecho de los padres. Las escuelas domésticas no pueden estar sujetas a la regulación del estado ni de cualquiera de sus subdivisiones políticas." Desde luego, la inclusión de tales normas en un plan de vales probablemente reforzará el rechazo de quienes se oponen a la educación doméstica.

Administración y canje de los vales

Un plan de vales escolares necesita procedimientos administrativos y pautas para el canje de los vales. Se debería crear una autoridad de supervisión neutra e independiente para este fin. Si bien se necesitará inversión del sistema educativo para que se tracen correctamente estas políticas, no es necesario o deseable que los administradores de educación profesionales tengan la representación mayoritaria en esta autoridad. Los líderes comerciales y cívicos competentes pueden ser elegidos por el gobernador o la legislatura. Las especificaciones sobre cómo se debe designar esta autoridad, sus miembros y poderes, deberían ser incluidas en la legislación que se presente o en la propuesta que se haga.

Para prevenir conflictos de interés entre escuelas del gobierno y privadas, un funcionario no escolar, como el tesorero estatal, el tesorero del condado o el cobrador de rentas debería ser autorizado para canjear los vales. El Proyecto Educard de Missouri y el Plan Heartland para Illinois, ambos disponibles en la Red en www.heartland.org, ofrecen tales condiciones.

Sin duda algunos opositores a los vales predecirán el caos "y una pesadilla administrativa" aún antes de que se debatan los

procedimientos administrativos y las políticas de canje. Los proponentes de los vales pueden defender su programa de manera administrativa mucho más simple que el actual laberinto de normas. Las preocupaciones sobre si los administradores escolares sabrán con suficiente tiempo cuántos estudiantes se matricularán para bosquejar los presupuestos se pueden abordar observando las escuelas privadas y del gobierno que ya afrontan ese problema cada otoño.

En resumen

En este capítulo describimos algunas opciones afrontadas por los proponentes de los vales: ¿deberían ellos tratar de adoptar de una vez un programa de vales, o progresivamente mediante una serie de pasos legislativos más pequeños? ¿Establecer un valor alto para los vales con el fin de atraer escuelas de calidad y estimular la verdadera competencia, o establecer un valor bajo para minimizar el costo de extender el apoyo tributario a los padres cuyos hijos están ya en escuelas privadas? Muchas preguntas similares pueden ser contestadas sólo por quienes se presentan cuando la legislación de vales está siendo redactada.

Dos comunidades no contestarán de la misma manera a todas las preguntas sobre el plan. Esto no es una debilidad de los vales sino una de sus fortalezas: los Vales son un instrumento versátil para defensores de la reforma desde cualquier corriente ideológica. Conservadores, liberales, populistas y libertarios, pueden ver todos en los vales un modo de conseguir algunos de sus objetivos. Lo que estas ideologías competentes tienen en común es un deseo de fortalecer a las personas para mejorar sus vidas y el futuro de sus hijos. Los vales cumplen con esto.

Preguntas y Respuestas

Para este momento, habiendo leído sobre el fracaso del actual sistema de escuelas del gobierno, la promesa de los vales, y las características generales de los buenos programas de vales, usted probablemente tiene una variedad de preguntas sobre cómo funcionarían los vales o por qué ellos deberían ser diseñados de ciertos modos. No podemos anticipar cada pregunta, pero hemos reunido aquí nueve preguntas frecuentes y sus breves respuestas. Para más información, le invitamos a consultar con los grupos que aparecen en una lista al final de este libro.

1. ¿Obligan los vales a las escuelas del gobierno a reducir sus gastos?

Los vales reducirían gastos totales en las escuelas del gobierno, pero no sus gastos *por-estudiante*. Los vales implican que "el dinero sigue al estudiante." Las escuelas que pierdan inscripciones perderían sólo la financiación que habría ido a apoyar al estudiante que decide cambiar. Puesto que los valores de los vales son a menudo puestos por debajo de los actuales niveles de gasto de las escuelas del gobierno, éstas se pueden dejar con *más*, no con menos, para gastar en cada estudiante que se mantenga matriculado.

2. ¿Pueden las escuelas del gobierno realmente cortar sus gastos tan pronto como disminuyan sus inscripciones?

Los críticos dicen que las escuelas del gobierno no pueden reducir sus gastos al ritmo de su pérdida de estudiantes. El argumento es falso. Las escuelas del gobierno no parecen tener ningún problema *aumentando* sus gastos al ritmo de las inscripciones.

El costo de la educación de un niño más (lo que los economistas

llaman el costo "marginal") es mayor o menor que el costo promedio de la educación de todos los niños en la escuela, pero todos los negocios afrontan diferencias similares y esto no les impide reducir sus gastos cuando las ventas caen. Las escuelas, como otros negocios, tienen muchas formas de reducir gastos: se puede remplazar con personal de medio tiempo a los profesores subutilizados, se puede reasignar a los administradores al trabajo en el aula, se pueden suspender los cursos opcionales que atraigan a pocos estudiantes (o contratar externamente a profesores en la práctica privada), se puede modificar el tamaño de los grupos, los gastos discrecionales se pueden reducir, los aumentos de paga pueden ser retrasados, y la lista continúa.

3. ¿Necesitamos realmente más pruebas para los estudiantes?

Hoy es difícil obtener información confiable y significativa sobre el desempeño escolar. Las pruebas de SAT y ACT son presentadas por una cantidad mínima de estudiantes para evaluar cómo progresa la mayoría de ellos en los distintos grados. Si queremos hacer a los padres responsables de elegir escuelas para sus hijos, tenemos que asegurar que ellos tengan la información para elegir sabiamente.

Probablemente fuentes de información del sector privado surgirían una vez que un programa de vales esté en marcha, haciendo menos necesaria la participación del gobierno en este aspecto del mercado K-12. Pero muchos escépticos de los vales dudan que esto ocurra lo suficientemente rápido o que las pruebas sean confiables. Para oponerse, la mayoría de los proyectos de vales incluyen algunas exigencias evaluativas.

4. ¿Pueden los proyectos de vales evitar nuevas regulaciones sobre las escuelas privadas?

Sí. Los proyectos de vales pueden contener el lenguaje que dé a las escuelas privadas mayor protección contra la regulación excesiva que tienen ahora requiriendo estricta vigilancia y, típicamente, el voto de dos terceras partes de los funcionarios elegidos, antes de que las nuevas regulaciones puedan ser adoptadas.

Debido a que muchas de las escuelas participantes serían escuelas

religiosas, los intentos del estado para imponer regulaciones onerosas violarían la prohibición de la Corte Suprema de los Estados Unidos, en *Lemonn v. Kurtzman*, contra "la complicación excesiva" de iglesia y estado. Las becas usadas por los estudiantes que asisten a escuelas ligeramente reguladas no plantean un riesgo de "complicación," pero la imposición de nuevas regulaciones sobre escuelas participantes, si lo haría.

Finalmente, la promulgación de la legislación de vales fortalecería inmensamente la posición de padres, iglesias, escuelas con ánimo de lucro y organizaciones cívicas—la coalición que podría luchar con eficacia para conservar la independencia de las escuelas privadas. La posición de los sindicatos de profesores y administradores de escuelas del gobierno—los grupos de presión más responsables por la imposición de regulaciones y mandatos sobre escuelas—se reduciría considerablemente.

5. ¿Cómo mide usted el número de estudiantes elegibles en un distrito?

Muchos estudiantes asisten a escuelas privadas fuera del distrito en el que viven, entonces la simple solicitud a las escuelas privadas de que reporten sus inscripciones a un consejo de escuela del distrito no producirá un conteo exacto. Por lo tanto, los proyectos de vales deberían especificar que los estudiantes y sus responsables legales deben solicitar vales al principio de cada año escolar, tal como actualmente se registran para la admisión en sus escuelas locales del gobierno.

Si un programa de vales se introduce progresivamente en más de siete años, y si los estudiantes de escuelas privadas actualmente constituyen aproximadamente el 12 por ciento de la inscripción total, el número de estudiantes en cuestión en la mayoría de los distritos será menos del 2 por ciento de las actuales inscripciones a K-12. Esta variación es mucho más pequeña que la que experimentan cada año distritos escolares de ciudades con poblaciones de alta movilidad, o distritos escolares suburbanos de crecimiento rápido.

6. ¿Se requeriría que las escuelas participantes acepten estudiantes de educación especial?

Los programas de vales no tienen que cambiar considerablemente las medidas de financiación de la educación especial. Primero, los estudiantes con necesidades de educación especial que actualmente asisten a las escuelas privadas ya califican para servicios especiales pagados por los distritos escolares del gobierno. A veces esto involucra a estudiantes que pasan parte del día escolar en una escuela del gobierno. Bajo la mayoría de planes de vales, podría existir este mismo acuerdo cooperativo.

Segundo, bajo la actual política, no se requiere ninguna escuela (incluso las escuelas del gobierno) para admitir o proporcionar servicios especiales para acomodar a los discapacitados o estudiantes con dificultades de aprendizaje. En cambio, se requiere que cada *distrito* escolar ponga a disposición los servicios especiales. A menudo, esto implica la inversión en instalaciones o personal especiales en una o varias escuelas del distrito, no en todas las escuelas. Bajo un plan de vales, otra vez, se harían los mismos acuerdos cooperativos.

7 ¿Qué le pasará a las escuelas del gobierno y sus consejos?

Actualmente, los consejos de escuelas locales recaudan y gastan los impuestos usados para apoyar las escuelas del gobierno. El principio más importante de la privatización es que una organización o agencia no debería cargar al mismo tiempo con estas dos responsabilidades. Separándolas, la entidad que recauda el dinero tiene incentivos fuertes para obtener el mayor valor por dólar posible, aun si esto implica la elección de un contratista privado o la suspensión total de un servicio.

Un proyecto de vales—el Plan Heartland para Illinois—requeriría que los consejos escolares locales se dividan en dos entidades independientes y elegidas: el Consejo Escolar de Gobierno y el Consejo Escolar Fiscal. El primero sería responsable de manejar las escuelas locales del gobierno y no tendría ninguna autoridad tributaria. El último tendría autoridad tributaria, pero no sería responsable de manejar las escuelas locales del gobierno. No se permitiría que ninguna persona sirviera simultáneamente en ambos consejos.

Conforme a tal acuerdo, el Consejo Escolar de Gobierno podría representar efectivamente los intereses de estudiantes, profesores, y administradores de las escuelas locales del gobierno. El Consejo Escolar Fiscal podría representar efectivamente los intereses de los contribuyentes, quienes buscan la mejor calidad de educación al precio más bajo para los estudiantes del distrito.

8. ¿Qué pasaría con el vale si un estudiante se gradúa pronto?

Las exigencias de graduación se establecen por el número de unidades académicas que un estudiante completa, no por cuanto tiempo el estudiante asiste a la escuela. Los estudiantes que se gradúan pronto, entonces, posiblemente no ahorran a sus distritos ningún dinero, ya que han tomado tantos cursos como aquellos que se demoran más para cumplir las exigencias de graduación. Por lo tanto, los estudiantes que se gradúan un año antes no recibirían un vale para el año "faltante."

9. ¿Si la familia de un niño se va del estado, podrían ellos usar cualquier dinero que quede en la cuenta de ahorros de educación?

No. Los Impuestos de Educación se pagan para educar a los niños de los residentes, no de los no residentes. Permitir que los dólares fiscales sigan a un niño fuera del estado abriría el sistema para el abuso cuando la gente tome residencia temporal en comunidades para tener derecho a la ayuda, y luego se traslade después de que se depositen miles de dólares en su cuenta. Es más difícil para el estado supervisar los gastos de educación cuando estos se realizan fuera de su territorio, lo cual facilita la corrupción.

Conclusión

Bajo un plan de vales, el gobierno seguiría financiando la educación, pero los negocios privados y las organizaciones sin ánimo de lucro competirían por fondos del gobierno y privados en una industria de educación competitiva. Los vales permitirían que los padres eligieran, sin sanciones financieras, las escuelas a las que sus niños asistan. Ninguna otra reforma se dirige a tantas de las causas del fracaso de las escuelas del gobierno.

Cuando Milton Friedman y otros pioneros del movimiento de vales escolares abogaron por vales escolares a principios de los años 1960s, ellos afrontaron escepticismo y desconfianza. *Capitalismo y Libertad* de Friedman, por ejemplo, no fue reseñado ni por una sola publicación nacional importante dentro de los 18 años siguientes a su publicación.

Hoy, sin embargo, los vales están en el epicentro del movimiento de reforma escolar nacional. Muchos ojos están sobre Milwaukee, Cleveland, Maine, Vermont y Florida, sedes de programas de vales que permiten a aproximadamente 28,000 niños asistir de cuenta del gobierno a escuelas privadas. La Corte Suprema de los Estados Unidos al determinar en Junio de 2002 que los vales son constitucionales ha despejado cualquier duda persistente sobre la legalidad de la reforma.

El apoyo a los vales escolares crece en casi todas partes del país y en cada grupo con interés en la educación de los niños de la nación. Los padres apoyan los vales porque conocen las necesidades educativas especiales y los talentos de sus hijos mejor de lo que cualquier administrador de escuela del gobierno posiblemente los podría conocer. Los padres saben que los vales los pondrían a ellos a cargo de la educación de sus niños, haciendo a educadores y administradores escolares más receptivos a su consejo y sus preocupaciones.

Los educadores apoyan los vales porque saben que el país afronta una crisis genuina en los resultados educativos que las escuelas del

gobierno son incapaces o no están dispuestas a perseguir. Demasiadas escuelas del gobierno hoy están simplemente fallando en preparar a los niños para vidas satisfactorias y vidas productivas. Muchos profesores apoyan los vales porque saben que serán tratados como profesionales en las escuelas que compitan por estudiantes. Los profesores también saben que los padres que eligen las escuelas a las que asisten sus hijos son propensos a participar más activamente en la educación de éstos.

Los liberacionistas civiles apoyan los vales como una manera de respetar valores religiosos y culturales que a menudo se pierden en un sistema "talla única" de escuelas del gobierno. Las minorías y los pobres, alimentados de cuatro décadas de excusas actualmente en aumento, ven los vales como su boleto para salir de un sistema escolar que pone sus propios intereses por encima de aquellos niños a quienes debe servir. Para ellos, los vales son el siguiente paso en el movimiento por los derechos civiles.

Uniéndose al movimiento de vales también están los contribuyentes, muchos de los cuales están cansados de cargar en hombros el gasto creciente de escuelas que apenas hacen un trabajo mediocre o pobre. Los líderes comerciales, también, apoyan los vales escolares como un modo de impulsar a las escuelas a producir finalmente graduados con las habilidades que se necesitan para competir en un mercado global.

En este libro hemos tratado de mostrar cómo confiar más en el capitalismo y menos en el gobierno mejoraría las escuelas K-12 de América. Nos hemos concentrado en argumentos económicos porque creemos que éstos se han hecho la última defensa de los opositores de los vales. Ellos saben que el gran público no entiende el capitalismo y no conoce su historia. Pocos americanos entienden cómo un programa de vales funcionaría realmente para dirigirse a las preocupaciones por regulación, equidad y costo a contribuyentes.

En el Capítulo 4 explicamos cómo el capitalismo es una economía organizada por la *libertad* más bien que por las autoridades. Sus instituciones claves son la propiedad privada, los mercados, y el Mandato de la Ley. El capitalismo funciona mejor cuando el papel del gobierno se limita a la defensa de la nación, la protección de la propiedad, y la facilitación de mercados. El gobierno no debería entregar bienes y servicios monopólicamente ni en competencia con los

negocios privados.

Los opositores de los vales se basan en mitos sobre el capitalismo para poner a la gente contra el sector privado, la competencia, y la selección. Entonces, en el Capítulo 5 desvirtuamos siete de los mitos más comunes, y describimos cómo el capitalismo históricamente nos suministró el mejor sistema de educación del mundo. La sobre-confianza en el gobierno, por otra parte, ha conducido a estudiantes estadounidenses a clasificar último o cerca al último en competencias académicas internacionales.

En el Capítulo 6 mostramos cómo volver a un sistema de escuelas privadas y financiación pública parcial pondría de nuevo el sistema de educación nacional K-12 en el nivel mundial. Durante dos siglos nos apoyamos en el capitalismo, no en el gobierno, para educar generaciones de estudiantes americanos, y los resultados fueron espectaculares. La competencia y la elección funcionan también en la educación como en los demás aspectos de nuestra sociedad. Podemos confiar en las escuelas privadas para enseñar valores democráticos y proporcionar ambientes de aprendizaje de alta calidad para cada todos, ricos o pobres.

El modo más prometedor de devolver la educación a la empresa privada son los vales escolares. Ellos crearían una industria de educación competitiva rompiendo el monopolio de las escuelas del gobierno sobre la financiación de la educación con impuestos, dando fin a una era en la cual los grupos de presión usaron su control sobre las escuelas para beneficio propio más bien que para preparar a los niños a llevar vidas productivas y satisfactorias.

Los planes de vales escolares variarán extensamente en sus detalles. En los Capítulos 7 y 8 proporcionamos recomendaciones sobre cómo diseñar planes de vales eficaces. Los programas de vales escolares tienen que ser elaborados cuidadosamente para asegurar que puedan superar una variedad de desafíos legales, y hay muchas decisiones que los activistas y los legisladores deben tomar, como qué tan pronto introducir progresivamente el plan de vales, cuánto deberían valer los vales, si se les debe permitir a los padres que le adicionen a los vales, etcétera. Las personas de buena voluntad pueden discrepar sobre estos asuntos, pero tales desacuerdos no deberían interponerse en el camino

al diseño de proyectos que beneficiarían a todos los niños.

Restaurar la apropiada relación entre capitalismo y educación rescataría a millones de alumnos de escuelas inseguras y disfuncionales. Esto mejoraría nuestros problemas sociales más apremiantes, como el delito, la pobreza, y el racismo. Con el aumento de las habilidades y el conocimiento de una gran parte de la población que ahora es pobremente servida por escuelas del gobierno, la elección escolar y la competencia acelerarían el desarrollo económico y traerían las bendiciones de la prosperidad a muchas más familias.

Con tanto en juego, no hay ninguna causa social más urgente o importante que los vales escolares. Y no hay ningún mejor momento para comenzar a extender la palabra a amigos, vecinos, y funcionarios que ahora mismo.

Organizaciones de Reforma Escolar

American Legislative Exchange Council
1129 20th Street NW #500, Washington, DC 20036
Teléfono 202/466-3800, fax 202/466-3801

American Education Reform Foundation
2025 North Summit #103, Milwaukee, WI 53202
Teléfono 414/319-9160, fax 414/765-0220

Black Alliance for Educational Options
501 C Street NE #3, Washington DC 20002
Teléfono 202/544-9870, fax 202/544-7680

Cato Institute
1000 Massachusetts Avenue NW, Washington, DC 20001
Teléfono 202/842-0200, fax 202/842-3490

Children First America
PO Box 29928, Austin, TX 78755
Teléfono 512/345-1083, fax 512/345-1280

Citizens for Educational Freedom
9333 Clayton Road, St. Louis, MO 63124
Teléfono 314/997-6361, fax 314/997-6321

Education Consumers Clearinghouse
PO Box 4411, Johnson City, TN 37602
Teléfono 423/282-6832, fax 423/282-6832

Education Policy Institute
4401-A Connecticut Avenue NW, Washington, DC 20008
Teléfono 202/244-7535, fax 202/244-7584

Milton and Rose Friedman Foundation
One American Square #1750, Indianapolis, IN 46282
Teléfono 317/681-0745, el fax 317/681-0945

**Harvard University Program on Education Policy
    and Governance**
79 J.F. Kennedy Street #T308, Cambridge, MA 02138
Teléfono 617/495-7976, fax 617/496-4428

The Heartland Institute
19 South LaSalle Street #903, Chicago, IL 60603
Teléfono 312/377-4000, fax 312/377-5000

The Heritage Foundation
214 Massachusetts Avenue NE, Washington, DC 20002
Teléfono 202/546-4400, fax 202/546-8328

The Hoover Institution
Universidad de Stanford
Stanford, CA 94305-6010
Teléfono 650/723-1754, fax 650/723-1687

Institute for Justice
1717 Pensylvania Avenue NW #200, Washington, DC 20006
Teléfono 202/955-1300, fax 202/955-1329

The Manhattan Institute
52 Vanderbilt Avenue- Segundo Piso, New York, NY 10017
Teléfono 212/599-7000, fax 212/599-3494

Formulario de Contribución

¡Ayude a distribuir este libro *gratis* a millones de americanos!

¡Sí, Yo quiero ayudar a poner a los padres nuevamente a cargo de la educación de sus hijos! Estoy de acuerdo con que el movimiento de los vales necesita activistas concientes y dedicados, y quiero ayudar a que haya millones de ellos por todo el país.

   Para colaborar con este esfuerzo de informar y fortalecer a los padres, *envío la donación más generosa que puedo hacer* ¡Espero que por cada dólar se entregue un libro *sin cobro* a los padres y los reformadores por todos los Estados Unidos.

$15 (para ayudar a distribuir 15 libros)
$20 (para ayudar a distribuir 20 libros)
$50 (para ayudar a distribuir 50 libros)
$100 (para ayudar a distribuir 100 libros)
Otra Donación $_____

Adjunto mi cheque o cóbrese a mi tarjeta   Visa   MasterCard

Número _____

Fecha de vencimiento _____

Nombre _____

Dirección _____

Ciudad _____

Estado, Código postal _____

Teléfono _____

Correo electrónico _____

Por favor dirija el cheque de su generosa donación a

The Heartland Institute
19 South LaSalle Street #903, Chicago, IL 60603

¡Únase al Movimiento de Elección Escolar!

Inscríbase para una suscripción gratis al periódico mensual del Instituto Heartland *Noticias de la Reforma Escolar,* que informa sobre los vales y otras reformas que fortalecen a los padres. Compre múltiples copias de este folleto para regalar a los amigos, vecinos, compañeros de trabajo, y sus representantes elegidos.

Lista de Descuento Especial al por Mayor

1 libro, $3.95	25 libros, $35.00	500 libros, $375.00
5 libros, $12.00	50 libros, $65.00	1,000 libros, $600.00
10 libros, $20.00	100 libros, $95.00	

Inscríbanme para una suscripción gratis a *Noticias de la Reforma Escolar.*

¡Envíenme _____ copias de *Pongamos a los Padres Nuevamente a Cargo*

Adjunto mi cheque o cóbrese a mi tarjeta   Visa   MasterCard

Número _____

Fecha de vencimiento _____

Nombre _____

Dirección _____

Ciudad _____

Estado, Código postal _____

Teléfono _____

Correo electrónico _____

Por favor dirija el cheque a
The Heartland Institute
19 South LaSalle Street #903, Chicago, IL 60603

Los residentes de Illinois por favor agregar impuesto sobre la venta del 6.5 %.
Por favor, denos 2 semanas para la entrega.

Contribution Form

Help distribute this book *free* to millions of Americans!

Yes, I want to help put parents back in charge of their children's educations! I agree the voucher movement needs informed and dedicated activists, and I want to help you create millions of them across the country.

To help you with this effort to inform and empower parents, *I am sending the most generation donation I can*—a dollar for each book I hope you'll distribute *free of charge* to parents and school reformers across the U.S.!

    $15 to help distribute 15 books
    $25 to help distribute 25 books
    $50 to help distribute 50 books
    Other donation $ _____ to help distribute as many books as possible

Enclosed is my check or charge my   Visa   MasterCard

No. _____ Exp. _____

Signature _____

Name _____

Address _____

City, State, Zip _____

The Heartland Institute
19 South LaSalle Street #903, Chicago, IL 60603

Join the Voucher Movement!

1) Sign up for a free subscription to *School Reform News*, The Heartland Institute's monthly newspaper reporting on vouchers and other reforms that empower parents.

2) Buy multiple copies of this booklet to give away to friends, neighbors, coworkers, and your elected representatives.

Special Bulk Discount Schedule

1 book, $3.95	25 books, $35.00	500 books, $375.00
5 books, $12.00	50 books, $65.00	1,000 books, $600.00
10 books, $20.00	100 books, $95.00	

Sign me up for a **free** subscription to *School Reform News.*

Send me _____ copies of *Let's Put Parents Back in Charge!*
Enclosed is my check or charge my   Visa   MasterCard

No. _____ Exp. _____

Signature _____

Name _____

Address _____

City, State, Zip _____

Illinois residents please add 6.5% sales tax. Allow up to 4 weeks for delivery.

The Heartland Institute
19 South LaSalle Street #903, Chicago, IL 60603